JN008698

母音 子音	1 ㅏ [a]	2 ㅑ [ja]	3 ㅓ [ɔ]	4 ㅕ [jɔ]	5 ㅗ [o]	6 ㅛ [jo]	7 ㅜ [u]	8 ㅠ [ju]	9 ㅡ [ɯ]	10 ㅣ [i]
1 ㄱ [k/g]	가	갸	거	겨	고	교	구	규	그	기
2 ㄴ [n]	나	냐	너	녀	노	뇨	누	뉴	느	니
3 ㄷ [t/d]	다	댜	더	뎌	도	됴	두	듀	드	디
4 ㄹ [r]	라	랴	러	려	로	료	루	류	르	리
5 ㅁ [m]	마	먀	머	며	모	묘	무	뮤	므	미
6 ㅂ [p/b]	바	뱌	버	벼	보	뵤	부	뷰	브	비
7 ㅅ [s/ʃ]	사	샤	서	셔	소	쇼	수	슈	스	시
8 ㅇ [-]	아	야	어	여	오	요	우	유	으	이
9 ㅈ [ʧ/ʤ]	자	쟈	저	져	조	죠	주	쥬	즈	지
10 ㅊ [ʧʰ]	차	챠	처	쳐	초	쵸	추	츄	츠	치
11 ㅋ [kʰ]	카	캬	커	켜	코	쿄	쿠	큐	크	키
12 ㅌ [tʰ]	타	탸	터	텨	토	툐	투	튜	트	티
13 ㅍ [pʰ]	파	퍄	퍼	펴	포	표	푸	퓨	프	피
14 ㅎ [h]	하	햐	허	혀	호	효	후	휴	흐	히
15 ㄲ [ˀk]	까	꺄	꺼	껴	꼬	꾜	꾸	뀨	끄	끼
16 ㄸ [ˀt]	따	땨	떠	뗘	또	뚀	뚜	뜌	뜨	띠
17 ㅃ [ˀp]	빠	뺘	뻐	뼈	뽀	뾰	뿌	쀼	쁘	삐
18 ㅆ [ˀs]	싸	쌰	써	쎠	쏘	쑈	쑤	쓔	쓰	씨
19 ㅉ [ˀʧ]	짜	쨔	쩌	쪄	쪼	쬬	쭈	쮸	쯔	찌

11	12	13	14	15	16	17	18	19	20	21
ㅐ [ɛ]	ㅒ [jɛ]	ㅔ [e]	ㅖ [je]	ㅘ [wa]	ㅙ [wɛ]	ㅚ [ø]	ㅝ [wɔ]	ㅞ [we]	ㅟ [wi]	ㅢ [ɯi]
개	걔	게	계	과	괘	괴	궈	궤	귀	긔
내	냬	네	녜	놔	놰	뇌	눠	눼	뉘	늬
대	댸	데	뎨	돠	돼	되	둬	뒈	뒤	듸
래	럐	레	례	롸	뢔	뢰	뤄	뤠	뤼	릐
매	먜	메	몌	뫄	뫠	뫼	뭐	뭬	뮈	믜
배	뱨	베	볘	봐	봬	뵈	붜	붸	뷔	븨
새	섀	세	셰	솨	쇄	쇠	숴	쉐	쉬	싀
애	얘	에	예	와	왜	외	워	웨	위	의
재	쟤	제	졔	좌	좨	죄	줘	줴	쥐	즤
채	챼	체	쳬	촤	쵀	최	춰	췌	취	츼
캐	컈	케	켸	콰	쾌	쾨	쿼	퀘	퀴	킈
태	턔	테	톄	톼	퇘	퇴	퉈	퉤	튀	틔
패	퍠	페	폐	퐈	퐤	푀	풔	풰	퓌	픠
해	햬	헤	혜	화	홰	회	훠	훼	휘	희
깨	꺠	께	꼐	꽈	꽤	꾀	꿔	꿰	뀌	끠
때	떄	떼	뗴	똬	뙈	뙤	뚸	뛔	뛰	띄
빼	뺴	뻬	뼤	뽜	뽸	뾔	뿨	뿰	쀠	쀠
쌔	쌰	쎄	쎼	쏴	쐐	쐬	쒀	쒜	쒸	씌
째	쨰	쩨	쪠	쫘	쫴	쬐	쭤	쮀	쮜	쯰

新みんなの韓国語2

中島仁・金珉秀・吉本一

白帝社

本テキストの音声について

■『新みんなの韓国語2』の音声ファイル(MP3)を無料でダウンロードすることができます。

「白帝社 新みんなの韓国語2」で検索、または下記サイトにアクセスしてください。

http://www.hakuteisha.co.jp/news/n31194.html

　　・スマートフォンからアクセスする場合は

 ※QRコードを読み取ってください。

■ 本文中の 🎧 マークの箇所が音声ファイル(MP3)提供箇所です。PCやスマートフォン(別途解凍アプリが必要)などにダウンロードしてご利用ください。

　＊デジタルオーディオプレーヤーやスマートフォンに転送して聞く場合は、各製品の取り扱い説明書やヘルプ機能によってください。

　＊各機器と再生ソフトに関する技術的なご質問は、各メーカーにお願いいたします。

　＊本テキストと音声は著作権法で保護されています。

『新みんなの韓国語1』に続いて『新みんなの韓国語2』を刊行できることは、このうえない喜びです。

旧版『みんなの韓国語2』の刊行から、10年が経ってしまいました。この10年の間に、世の中も大きく移り変わり、韓国語学習者の傾向も少しずつ変わってきました。旧版でも、その当時としては非常に易しい教材を作ったつもりでした。しかし、近年はもっと軽い感じで韓国語を学びたいという要求があるようです。今回の改訂にあたっては、昨今のそのような状況に合わせて、究極にまで易しくしてみました。短期間に上達することを目指すより、楽しみながら時間をかけてゆっくりと学びながら知らず知らずのうちに上達していくことを目指すシリーズになっています。

韓国語は、日本人にとって学びやすい言語ですし、学べば学ぶほどおもしろい言語です。『みんなの韓国語』という題名には、できるだけ多くの人たちが韓国語に親しんでほしいという思いが込められていて、その思いは新版にもそのまま受け継がれています。この教材の特徴は、次のとおりです。

1. 会話文は、短いながらも、自然な表現になるようにしました。韓国から来た留学生イ・ジヨンさんと日本人の大学生・福田さんを主人公にすることで、学校生活や日常生活に必要な表現を盛り込んであります。

2. 単語も文法も基礎中の基礎レベルに限定し、あわてずにゆっくり、何度も繰り返すことで自然に身につくように工夫してあります。

3. 大学や高校などでの教養科目の教材として使いやすいよう配慮しました。週1回の授業なら1年間、週2回の授業なら1学期間で1冊を終えることができ、達成感も味わえるでしょう。

4. 『新みんなの韓国語1』よりも、付録を充実させました。各課を学習する中で不明な点があれば、付録を参照することで理解が深まるでしょう。付録の部分もぜひ活用してください。

この本を通じて多くの方に「韓国語っておもしろいな」と感じていただけたら幸いです。韓国語は奥の深い言語でもあります。もっと勉強したいと思った方は、次のレベルの教材を探してみてください。

今回の教材改訂を快諾してくださり、きれいに編集してくださった白帝社の方々にお礼を申し上げます。

目次

新みんなの
韓国語 2

1 아뇨, 안 비싸요.

01-1
1

—教室で—

이지연:점심은 학교 식당에서 먹어요?

후쿠다:아뇨, 학교 식당에서 안 먹어요.

이지연:학교 식당은 비싸요?

후쿠다:아뇨, 안 비싸요.

이지연:학교 식당에 사람이 많죠?

후쿠다:네, 그래서 자주 안 가요.

日本語訳

イ・ジヨン	：	お昼ご飯は, 学食で食べますか。
福田	：	いいえ, 学食で食べません。
イ・ジヨン	：	学食は高いですか。
福田	：	いいえ, 高くないです。
イ・ジヨン	：	学食に人が多いでしょう。
福田	：	はい, なので, あまり行きません。

 語句・表現

점심 : 昼ご飯	학교 : 学校
식당 : 食堂	먹다 : 食べる
아뇨 : いいえ	안 : ～ない
비싸다 : 高い	사람 : 人
많다 : 多い	-죠 : ～でしょう
네 : はい, ええ	그래서 : それで, なので
자주 : よく, あまり	가다 : 行く

 発音

점심은 → /점시믄/	학교 → /학꾜/
식당 → /식땅/	먹어요 → /머거요/
사람이 → /사라미/	많죠 → /만초/

この課のポイント！！

1-1. 動詞と形容詞の否定形(1)

～ない	안 動詞・形容詞

　動詞と形容詞の前に안をおくと, 否定形になります。存在詞(있다/없다)と指定詞, そして알다(分かる, 知る)や모르다(分からない, 知らない)など一部の動詞には使いません。**名詞と하다が結び付いた動詞の場合のみ名詞と하다の間に안を入れます。**

⑴ 지은 씨는 안 와요?　　チウンさんは来ないんですか。

⑵ 별로 안 좋아요.　　あまりよくないです。

⑶ 오늘은 공부 안 해요?　今日は勉強しないんですか。

⑷ 에어컨이 안 시원해요.　エアコンが涼しくありません。

練習 1　次の語を否定形に変えて発音してみましょう。

01-2
2

해요체	否定形	해요체	否定形
① 멀어요 遠いです		② 사요 買います	
③ 찍어요 撮ります		④ 마셔요 飲みます	
⑤ 좋아해요 好きです		⑥ 이야기해요 話します	
⑦ 나와요 出てきます		⑧ 신어요 履きます	

1-2. 活用形I-죠 — 〜でしょう

〜でしょう	活用形I-죠

　「〜でしょう, 〜ですよね」のように同意を求めたり確認したりする場合は, 用言の活用形Iに-죠を付けます。活用形Iは基本形から-다を取った形です。

⑴ 너무 비싸죠.　　　高すぎですよね。

⑵ 이것도 먹죠?　　これも食べるでしょう?

⑶ 이 책이 아니죠?　　この本じゃないでしょう?

練習 2 ▶ 次の語をI-죠の形に変えて発音してみましょう。

基本形	I-죠	基本形	I-죠
① 덥다 暑い		② 춥다 寒い	
③ 입다 着る		④ 가다 行く	
⑤ 좋다 よい		⑥ 맛있다 おいしい	
⑦ 싸다 安い		⑧ 보다 見る	

1-3. 激音化

ㅎの前後にある音が来ると激音化が起こります。発音が変化するだけでつづりは変わりません。

⑴ ㅎが後ろの文字の初声にある場合

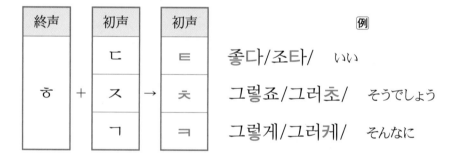

終声		初声		初声	例
[ᵖ] ㅂ, ㅍ				ㅍ	연습해요/연스패요/ 練習します
[ᵗ] ㄷ, ㅌ, ㅅ, ㅈ, ㅊ	+	ㅎ	→	ㅌ	못 해요/모태요/ できません
[ᵏ] ㄱ, ㅋ, ㄲ				ㅋ	시작하다 / 시자카다 / 始める

⑵ ㅎが前の文字の終声にある場合

終声	初声	初声	例
ㅎ	ㄷ	ㅌ	좋다/조타/　いい
	ㅈ → ㅊ		그렇죠/그러초/　そうでしょう
	ㄱ	ㅋ	그렇게/그러케/　そんなに

練習 3 次の語を発音してみましょう。

01-4
4

① 축하해요　おめでとう

② 따뜻해요　暖かいです

③ 수업하고　授業と

④ 어떻게　どのように

まとめ

1. 次の文を日本語に訳してみましょう。

   ① 오늘 학교 안 가요?

   ② 커피는 안 마셔요.

   ③ 책이 많죠?

   ④ 학교 식당은 안 비싸요.

   ⑤ 공부를 안 좋아해요.

2. 次の文を韓国語に訳してみましょう。

   ① 福田さんは来ないんですか。

   ② 今日は勉強しません。

   ③ これもおいしいでしょう?

   ④ この本, 安いでしょう?

   ⑤ あまり暑くないでしょう?

3. 次の質問に韓国語で答えてみましょう。

   ① 한국어 공부는 재미있죠? (韓国語の勉強は楽しいでしょう。)

   ② 학교 식당에 자주 가요? (学食によく行きますか。)

2 전 별로 좋아하지 않아요.

02-1
8

―カフェで―

후쿠다: 운동 좋아해요?

이지연: 전 별로 좋아하지 않아요.

후쿠다 씨는요?

후쿠다: 전 축구를 좋아해요.

이지연: 그럼 매일 축구 연습을 해요?

후쿠다: 아뇨, 금요일만 연습해요.

이지연: 그렇군요. 근데 연습은 힘들지 않아요?

日本語訳

福田	： スポーツ好きですか。
イ・ジヨン	： 私はあまり好きじゃありません。福田さんは?
福田	： 私はサッカーが好きです。
イ・ジヨン	： じゃあ, 毎日, サッカーの練習をしますか。
福田	： いいえ, 金曜日だけ練習します。
イ・ジヨン	： そうなんですね。ところで, 練習は大変じゃないですか。

 語句・表現

운동：運動, スポーツ	좋아하다：好きだ
전(←저는)：私は	별로：あまり
-지 않다：~ない	씨：~さん
축구：サッカー	그럼：じゃあ
매일：毎日	연습：練習
하다：する	금요일：金曜日
-만：~だけ	그렇군요：そうなんですね
근데：ところで	힘들다：大変だ

 発音

좋아해요 → /조아해요/	않아요 → /아나요/
후쿠다 씨는요 → /후쿠다씨는뇨/	축구 → /축꾸/
연습을 → /연스블/	금요일 → /그묘일/
연습해요 → /연스패요/	그렇군요 → /그러쿤뇨/
연습은 → /연스븐/	

この課のポイント！！

2-1. 動詞と形容詞の否定形(2)

〜ない	活用形Ⅰ-지 않다

　動詞と形容詞の活用形Ⅰに지 않다を付けても否定形になります。存在詞(있다/없다)と指定詞, そして알다(分かる, 知る)や모르다(分からない, 知らない)など一部の動詞にはあまり使いません。

基本形	否定形	否定形の해요体
좋아하다 好きだ	좋아하지 않다 好きじゃない	좋아하지 않아요 好きじゃありません
먹다 食べる	먹지 않다 食べない	먹지 않아요 食べません

練習 1 次の語を否定形(해요体)に変えて発音してみましょう。

02-2
9

基本形	否定形	基本形	否定形
① 덥다 暑い		② 춥다 寒い	
③ 받다 もらう		④ 괜찮다 大丈夫だ	
⑤ 쓰다 書く, 使う		⑥ 아프다 痛い	
⑦ 싫어하다 嫌いだ		⑧ 많다 多い	

2-2. -만 — 〜だけ

日本語の「〜だけ」にあたる助詞で, 使い方も日本語の「〜だけ」とほぼ同じです。

〜だけ	
子音/母音終わりの体言 -만	이번만 今回だけ 하나만 1つだけ

練習 2 次の語に-만を付けて発音してみましょう。

02-3
10

① 조금 少し		② 모레 あさって	
③ 이것 これ		④ 설탕 砂糖	
⑤ 돼지고기 豚肉		⑥ 소금 塩	
⑦ 여자 女		⑧ 남자 男	

2-3. 별로 — あまり, 別に

否定表現と共に「あまり, 別に」というときには별로を使います。

別に, あまり	별로

⑴ 택시는 **별로** 비싸지 않아요. タクシーはあまり高くないです。

⑵ 커피는 **별로** 안 마셔요? コーヒーはあまり飲みませんか。

⑶ 시간이 **별로** 없어요. 時間があまりありません。

練習 **3** 次の文を韓国語で書いて発音してみましょう。

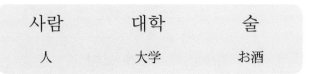

사람	대학	술
人	大学	お酒

① 人があまりいませんか。

② 大学はあまり遠くないです。

③ お酒はあまり好きじゃありません。

④ あまり嫌いではないでしょう？

まとめ

02-5
12

1. 次の文を日本語に訳してみましょう。

① 아프지 않아요?

② 별로 춥지 않아요.

③ 전 싫어하지 않아요.

④ 조금만 먹어요.

⑤ 모레만 괜찮아요.

02-6
13

2. 次の文を韓国語に訳してみましょう。

① 豚肉は食べません。

② 練習は大変じゃないですか。

③ サッカーはあまり好きじゃありませんか。

④ 1つだけもらいます。

⑤ 今回だけ練習します。

02-7
14

3. 次の質問に韓国語で答えてみましょう。

① 한국어는 어렵지 않아요? (韓国語は難しくないですか。)

② 주말에만 하는 것이 있어요? (週末にだけすることがありますか。)

3 어제 저녁에 뭐 먹었어요?

—教室で—

후쿠다 : 어제 저녁에 뭐 먹었어요?

이지연 : 떡볶이를 먹었어요.

후쿠다 : 지연 씨가 만들었어요?

이지연 : 아뇨, 한국 음식점에서 먹었어요.

후쿠다 : 맛이 어땠어요?

이지연 : 아주 맛있었어요.

　　　　다음에 같이 먹으러 가요.

日本語訳

福田	:	昨日の夜, 何, 食べましたか。
イ・ジヨン	:	トッポッキを食べました。
福田	:	チヨンさんが作ったんですか。
イ・ジヨン	:	いいえ, 韓国料理屋で食べました。
福田	:	味はどうでしたか。
イ・ジヨン	:	とてもおいしかったです。
		今度, 一緒に食べに行きましょう。

 語句・表現

어제 : 昨日	저녁 : 夕方, 夜
뭐 : 何, 何か	떡볶이 : トッポッキ
만들다 : 作る	한국 : 韓国
음식점 : 料理屋, 飲食店	맛 : 味
어땠어요 : どうでしたか	아주 : とても
맛있다 : おいしい	다음 : 次, 今度
같이 : 一緒に	-러 : 〜に

 発音

저녁에 → /저녀게/	먹었어요 → /머거써요/
떡볶이 → /떡뽀끼/	만들었어요 → /만드러써요/
음식점에서 → /음식쩌메서/	맛이 → /마시/
어땠어요 → /어때써요/	맛있었어요 → /마시써써요/
다음에 → /다으메/	같이 → /가치/
먹으러 → /머그러/	

この課のポイント！！

3-1. 活用形Ⅲと해요体の復習(子音語幹)

～です, ～ます	活用形Ⅲ-요

　活用形Ⅲに-요を付けると해요体(非過去形)になります。해요体というのは，「です」「ます」に当たる非格式的で柔らかい丁寧な表現です。疑問文は「?」を付け，イントネーションを上げて発音します。

✂ 活用形Ⅲの作り方

　語幹(基本形から-다を取った形)の**最後の母音が**ト， ㅗ， ㅑ**の場合は後ろに**-아を付け，**それ以外の場合は後ろに**-어を付けます。

基本形	語幹	活用形Ⅲ	⇒	해요体 非過去形
살다(住む)	살-	살아	活用形Ⅲに	살아요(住んでいます)
먹다(食べる)	먹-	먹어	요を足す	먹어요(食べます)

練習 1 次の語を해요体に変えて発音してみましょう。

基本形	해요体	基本形	해요体
① 앉다 座る		② 웃다 笑う	
③ 찍다 撮る		④ 멀다 遠い	
⑤ 좋다 よい		⑥ 맛있다 おいしい	
⑦ 입다 着る		⑧ 벗다 脱ぐ	

3-2. 過去形(1)

過去形	活用形Ⅲ-ㅆ-（語尾）

　用言を過去形にするには活用形Ⅲに-ㅆ-を付けます。そして，その後ろに語尾を付けます。

✂ 過去形の해요体の作り方

基本形	活用形Ⅲ	⇒	過去形	⇒	해요体 過去形
살다 (住む)	살아	Ⅲに ㅆを 足す	살았-	過去形に 어요を足す	살았어요 (住んでいました)
먹다 (食べる)	먹어		먹었-		먹었어요 (食べました)

練習 2 　次の語を해요体の過去形に変えて発音してみましょう。

03-3
17

基本形	해요体 過去形	基本形	해요体 過去形
① 앉다 座る		② 웃다 笑う	
③ 찍다 撮る		④ 멀다 遠い	
⑤ 좋다 よい		⑥ 맛있다 おいしい	
⑦ 입다 着る		⑧ 벗다 脱ぐ	

3-3. 活用形Ⅱ-러 ― ～に

～に	活用形Ⅱ-러

「～(し)に」のように目的を表す場合, 活用形Ⅱに-러を付けます。後ろには主に가다(行く)・오다(来る)・갔다 오다(行って来る)などの移動を表す動詞が続きます。

✂ 活用形Ⅱの作り方

語幹(基本形から-다を取った形)が母音で終わる場合はそのまま, 子音で終わる場合は後ろに-으-を付けます。

基本形	語幹	活用形Ⅱ	⇒	～に
사다(買う)	사-	사-	活用形Ⅱに러を足す	사러(買いに)
찾다(受け取る)	찾-	찾으-		찾으러(受け取りに)

⑴ 같이 보러 가요.　　一緒に見に行きましょう。

⑵ 언제 찾으러 와요?　いつ受け取りに来ますか。

練習 3 次の語をⅡ-러の形に変えて発音してみましょう。

03-4
18

基本形	Ⅱ-러	基本形	Ⅱ-러
① 마시다 飲む		② 찍다 撮る	
③ 받다 もらう		④ 배우다 習う	
⑤ 일하다 働く		⑥ 먹다 食べる	

まとめ

03-5
19

1. 次の文を日本語に訳してみましょう。

① 아주 멀었어요.

② 뭐 입었어요?

③ 뭐가 맛있었어요?

④ 떡볶이 먹으러 가요.

⑤ 다음에 같이 보러 가요.

03-6
20

2. 次の文を韓国語に訳してみましょう。

① とてもよかったです。

② いつ作りましたか。

③ どうして笑ったんですか。(どうして 왜)

④ 一緒に買いに行きましょう。

⑤ 写真を撮りに行きます。(写真 사진)

03-7
21

3. 次の質問に韓国語で答えてみましょう。

① 어제 저녁에 뭐 먹었어요? (昨日の夜, 何を食べましたか。)

② 주말에 어디에 뭐 하러 가요? (週末, どこに何しに行きますか。)

4 어제 어디 갔어요?

―電車の中で―

후쿠다 : 어제 어디 갔어요?

이지연 : 시부야에 갔어요. 친구를 만났어요.

후쿠다 : 뭐 샀어요?

이지연 : 네, 옷이랑 가방을 샀어요.

후쿠다 : 많이 놀았어요?

이지연 : 네, 너무 재미있었어요.

日本語訳

福田	:	昨日，どこか行きましたか。
イ・ジヨン	:	渋谷に行きました。友だちに会いました。
福田	:	何か買ったんですか。
イ・ジヨン	:	はい，服とカバンを買いました。
福田	:	いっぱい遊びましたか。
イ・ジヨン	:	はい，すごく楽しかったです。

 語句・表現

어디 : どこ，どこか

-을/를 만나다 : ～に会う

옷 : 服

가방 : カバン

놀다 : 遊ぶ

재미있다 : 楽しい，面白い

친구 : 友だち

사다 : 買う

-이랑 : ～と，～とか

많이 : たくさん

너무 : すごく，～すぎる

 発音

갔어요 → /가써요/

샀어요 → /사써요/

많이 → /마니/

재미있었어요 → /재미이써써요/

만났어요 → /만나써요/

옷이랑 → /오시랑/

놀았어요 → /노라써요/

この課のポイント！！

4-1. 活用形Ⅲと해요体の復習(母音語幹①)

～です, ～ます	活用形Ⅲ-요

✂ 活用形Ⅲの作り方

　語幹(基本形から-다を取った形)の最後の**母音が**ㅏ, ㅓ, ㅕ, ㅐ, ㅔで, **終声がない場合**はそのままで**活用形Ⅲです。**

基本形	語幹＝活用形Ⅲ	⇒	해요体 非過去形
가다(行く)	가-		가요(行きます)
서다(立つ)	서-		서요(立ちます)
펴다(開く)ひら	펴-	活用形Ⅲに요を足す	펴요(開きます)
내다(出す)	내-		내요(出します)
세다(強い)	세-		세요(強いです)

練習 1　次の語を해요体に変えて発音してみましょう。

基本形	해요体	基本形	해요体
① 사다 買う		② 타다 乗る	
③ 만나다 会う		④ 일어나다 起きる	
⑤ 싸다 安い		⑥ 비싸다 (値段が)高い	
⑦ 끝나다 終わる		⑧ 보내다 送る	

4-2. 過去形⑵

過去形	活用形Ⅲ-从-（語尾）

　用言を過去形にするには活用形Ⅲに-从-を付けます。そして，その後ろに語尾を付けます。

✂ 過去形の해요体の作り方

基本形	活用形Ⅲ	⇒	過去形	⇒	해요体 過去形
가다 （行く）	가	Ⅲに 从を 足す	갔-	過去形に 어요を足す	갔어요 （行きました）
내다 （出す）	내		냈-		냈어요 （出しました）

🎧 **練習 2** 次の語を해요体の過去形に変えて発音してみましょう。

基本形	해요体 過去形	基本形	해요体 過去形
① 사다 買う		② 타다 乗る	
③ 만나다 会う		④ 일어나다 起きる	
⑤ 싸다 安い		⑥ 비싸다 （値段が）高い	
⑦ 끝나다 終わる		⑧ 보내다 送る	

4-3. -이랑/랑 — ～と, ～とか

日本語の「～と」または「～とか」にあたる助詞で, 使い方も日本語の「～と」「～とか」と
ほぼ同じです。

～と, ～とか	
子音終わりの体言 -이랑	양말이랑 靴下と/とか
母音終わりの体言 -랑	치마랑 スカートと/とか

練習 3 次の語に-이랑/랑を付けて発音してみましょう。

① 물 水		② 커피 コーヒー	
③ 바지 ズボン		④ 속옷 下着	
⑤ 안경 めがね		⑥ 고추 唐辛子	
⑦ 우리 私たち		⑧ 가족 家族	

まとめ

04-5
26

1. 次の文を日本語に訳してみましょう。

　① 끝났어요.

　② 일어났어요?

　③ 어제 보냈어요.

　④ 친구랑 놀았어요.

　⑤ 안경이랑 바지를 샀어요.

04-6
27

2. 次の文を韓国語に訳してみましょう。

　① カバンが高かったです。

　② どこ行きましたか。

　③ たくさん買いましたか。

　④ 昨日, 友達に会いました。

　⑤ 私たちと行きましょう。

04-7
28

3. 次の質問に韓国語で答えてみましょう。

　① 오늘 몇 시에 일어났어요? (今日, 何時に起きましたか。)

　② 누구랑 자주 놀아요? (誰とよく遊びますか。)

5 많이 기다렸어요?

05-1
29

― カフェで ―

이지연: 늦어서 미안해요. 많이 기다렸어요?

후쿠다: 아뇨, 저도 좀 전에 왔어요.

이지연: 뭐 시켰어요?

후쿠다: 아뇨, 아직 안 시켰어요.

이지연: 그럼 제가 사 올게요.

후쿠다: 고마워요.

日本語訳

イ・ジヨン	: 遅れてごめんなさい。だいぶ待ちましたか。
福田	: いいえ, 私も少し前に来ました。
イ・ジヨン	: 何か頼みましたか。
福田	: いいえ, まだ頼んでいません。
イ・ジヨン	: じゃあ, 私が買ってきますよ。
福田	: ありがとうございます。

 語句・表現

늦다 : 遅い, 遅れる	미안해요 : ごめんなさい
기다리다 : 待つ	저 : 私
좀 : 少し, ちょっと	전 : 前
오다 : 来る	시키다 : 頼む, 注文する
아직 : まだ	제가 : 私が
사 오다 : 買ってくる	-ㄹ게요 : 〜ますよ
고마워요 : ありがとうございます	

 発音

늦어서 → /느저서/	미안해요 → /미아내요/
많이 → /마니/	기다렸어요 → /기다려써요/
전에 → /저네/	왔어요 → /와써요/
아직 안 시켰어요 → /아지간시켜써요/	
사 올게요 → /사올께요/	

この課のポイント!!

5-1. 活用形Ⅲと해요体の復習(母音語幹②)

～です, ～ます	活用形Ⅲ-요

✂ 活用形Ⅲの作り方

語幹(基本形から-다を取った形)の最後の**母音**が⊥, ㅜ, ㅣ, ㅚで**終声がない**場合は, 語幹に-**아**または-**어**を付けてから縮約します。

基本形	語幹	活用形Ⅲ	⇒	해요体 非過去形
오다(来る)	오-	(오아→)**와**	活用形Ⅲに요を足す	**와**요(来ます)
배우다(習う)	배우-	(배우어→)배**워**		배**워**요(習います)
시키다(注文する)	시키-	(시키어→)시**켜**		시**켜**요(注文します)
되다(なる)	되-	(되어→)**돼**		**돼**요(なります)

練習 1 次の語を해요体に変えて発音してみましょう。

基本形	해요体	基本形	해요体
① 가르치다 教える		② 보다 見る	
③ 주다 あげる・くれる		④ 다니다 通う	
⑤ 나오다 出てくる		⑥ 시작되다 始まる	
⑦ 마시다 飲む		⑧ 기다리다 待つ	

5-2. 過去形(3)

過去形	活用形Ⅲ-ㅆ-（語尾）

　用言を過去形にするには活用形Ⅲに-ㅆ-を付けます。そして，その後ろに語尾を付けます。

✂ 過去形の해요体の作り方

基本形	活用形Ⅲ	⇒	過去形	⇒	해요体 過去形
오다 (来る)	와	Ⅲに ㅆを 足す	왔-	過去形に 어요を足す	왔어요 (来ました)
시키다 (注文する)	시켜		시켰-		시켰어요 (注文しました)

練習 **2** ▶ 次の語を해요体の過去形に変えて発音してみましょう。

基本形	해요体 過去形	基本形	해요体 過去形
① 가르치다 教える		② 보다 見る	
③ 주다 あげる・くれる		④ 다니다 通う	
⑤ 나오다 出てくる		⑥ 시작되다 始まる	
⑦ 마시다 飲む		⑧ 기다리다 待つ	

5-3. 活用形Ⅱ-ㄹ게요 — ～ますよ

～ますよ	活用形Ⅱ-ㄹ게요

✎ -ㄹ게요の発音は/ㄹ께요/です。

「～ますよ」「～ますね」のように自分の意志を表す場合, 活用形Ⅱに-ㄹ게요を付けます。
活用形Ⅱは語幹(基本形から-다を取った形)が母音で終わる場合はそのまま, 子音で終わる場合は後ろに-으-を付けます。

⑴ 역에서 기다릴게요. 駅で待ってますね。

⑵ 여기에 놓을게요. ここに置きますよ。

32

練習 3 次の語をⅡ-ㄹ게요の形に変えて発音してみましょう。

基本形	Ⅱ-ㄹ게요	基本形	Ⅱ-ㄹ게요
① 찍다 撮る		② 타다 乗る	
③ 입다 着る		④ 먹다 食べる	
⑤ 전화하다 電話する		⑥ 가다 行く	
⑦ 앉다 座る		⑧ 보다 見る	

まとめ

05-5
33

1. 次の文を日本語に訳してみましょう。

① 뭐 마셨어요?

② 제가 시켰어요.

③ 아직 안 나왔어요.

④ 저도 먹을게요.

⑤ 여기에서 기다릴게요.

05-6
34

2. 次の文を韓国語に訳してみましょう。

① この映画, 見ましたか。(この映画 이 영화)

② だいぶ待ちましたか。

③ 少し前に来ました。

④ 後で電話しますね。(後で 나중에)

⑤ じゃあ, 撮りますよ。

05-7
35

3. 次の質問に韓国語で答えてみましょう。

① 최근에 어떤 영화를 봤어요? (最近, どんな映画を見ましたか。)

② 한국어는 언제부터 배웠어요? (韓国語はいつから習っていますか。)

6 주말에 뭐 했어요?

―教室で―

이지연: 주말에 뭐 했어요?

후쿠다: 저는 알바했어요. 지연 씨는요?

이지연: 저는 친구하고 에노시마에 갔다 왔어요.

후쿠다: 어땠어요?

이지연: 사람이 너무 많았지만 아주 재미있었어요.

후쿠다: 저도 몇 번 갔어요.

에노시마는 항상 사람이 많아요.

日本語訳

イ・ジヨン	：	週末に何しましたか。
福田	：	私はバイトしました。チヨンさんは?
イ・ジヨン	：	私は友だちと江の島に行ってきました。
福田	：	どうでしたか。
イ・ジヨン	：	人がすごく多かったけど, とても楽しかったです。
福田	：	私も何度か行きました。江の島はいつも人が多いです。

 語句・表現

주말：週末	알바하다：バイトする
갔다 오다：行ってくる	-지만：〜けど
몇 번：何度, 何度か	항상：いつも

 発音

주말에 → /주마레/	했어요 → /해써요/
지연 씨는요 → /지연씨는뇨/	갔다 왔어요 → /갇따와써요/
어땠어요 → /어때써요/	사람이 → /사라미/
많았지만 → /마낟찌만/	재미있었어요 → /재미이써써요/
몇 번 → /면뻔/	갔어요 → /가써요/
많아요 → /마나요/	

この課のポイント!!

6-1. 活用形Ⅲと해요体の復習(하다用言)

~です, ~ます	活用形Ⅲ-요

✂ 活用形Ⅲの作り方

- -

하다用言の活用形Ⅲは不規則で해になります。

基本形	語幹	活用形Ⅲ	⇒	해요体 非過去形
하다(する)	하-	해	活用形Ⅲに 요を足す	해요(します)
일하다(働く)	일하-	일해		일해요(働きます)

🎧 練習 1 次の語を해요体に変えて発音してみましょう。

基本形	해요体	基本形	해요体
① 시작하다 始める		② 노래하다 歌う	
③ 이야기하다 話す		④ 공부하다 勉強する	
⑤ 부탁하다 頼む		⑥ 싫어하다 嫌いだ	
⑦ 잘하다 上手だ		⑧ 말하다 言う	

6-2. 過去形(4)

過去形	活用形Ⅲ　－ㅆ－（語尾）

　用言を過去形にするには活用形Ⅲに-ㅆ-を付けます。そして，その後ろに語尾を付けます。

✂ 過去形の해요体の作り方

基本形	活用形Ⅲ	⇒	過去形	⇒	해요体 過去形
하다 (する)	해	Ⅲに ㅆを 足す	했-	過去形に 어요を足す	했어요 (しました)
일하다 (働く)	일해		일했-		일했어요 (働きました)

練習 2　次の語を해요体の過去形に変えて発音してみましょう。

基本形	해요体 過去形	基本形	해요体 過去形
① 시작하다 始める		② 노래하다 歌う	
③ 이야기하다 話す		④ 공부하다 勉強する	
⑤ 부탁하다 頼む		⑥ 싫어하다 嫌いだ	
⑦ 잘하다 上手だ		⑧ 말하다 言う	

6-3. 活用形I-**지만** — ～けど

～けど	活用形I-**지만**

　「～けど」「～だが」のように逆接を表す場合は，用言の活用形Iに-지만を付けます。活用形Iは基本形から-다を取った形です。過去形にも付けることができます。

⑴ 좀 비싸**지만** 맛있어요. 　ちょっと高いけどおいしいです。

⑵ 조금 춥**지만** 괜찮아요. 　少し寒いけど大丈夫です。

⑶ 사러 갔**지만** 없었어요. 　買いに行ったけどなかったです。

06-4
39

練習 3 ▶ 次の語をI-지만の形に変えて発音してみましょう。

基本形	I-지만	基本形	I-지만
① 많다 多い		② 적다 少ない	
③ 크다 大きい		④ 작다 小さい	
⑤ 좋아하다 好きだ		⑥ 맛있다 おいしい	
⑦ 공부했다 勉強した		⑧ 먹었다 食べた	

まとめ

06-5
40

1. 次の文を日本語に訳してみましょう。

① 저도 알바를 시작했어요.

② 너무 잘했어요.

③ 친구하고 이야기했어요.

④ 조금 작지만 괜찮아요?

⑤ 재미있었지만 사람이 많았어요.

06-6
41

2. 次の文を韓国語に訳してみましょう。

① 何度か話しました。

② 友だちが言いました。

③ 週末にバイトしましたか。

④ おいしいけど, ちょっと高いです。

⑤ 勉強したけど, 忘れました。(忘れる 잊어버리다)

06-7
42

3. 次の質問に韓国語で答えてみましょう。

① 어제 몇 시간 공부했어요? (昨日, 何時間勉強しましたか。)

② 주말에 뭐 했어요? (週末に何しましたか。)

7 이번 주 유학생 파티에 올 수 있어요?

07-1
43

―大学の廊下で―

이지연:이번 주 유학생 파티에 올 수 있어요?

후쿠다:네, 갈 수 있어요.

이지연:한국 유학생들도 많이 와요.

후쿠다:그래요? 다 일본말 할 수 있어요?

이지연:네, 하지만 아직 조금밖에 할 수 없어요.

후쿠다:그럼 제가 한국말로 할게요.

日本語訳

イ・ジヨン	：	今週の留学生パーティーに来られますか。
福田	：	はい, 行けます。
イ・ジヨン	：	韓国の留学生たちもたくさん来ます。
福田	：	そうですか。みんな日本語できますか。
イ・ジヨン	：	ええ, でも, まだ少ししかできません。
福田	：	じゃあ, 私が韓国語で話しますね。

 語句・表現

이번 주 : 今週	유학생 : 留学生
파티 : パーティー	-ㄹ 수 있다 : ～ことができる
-들 : ～たち	그래요? : そうですか
다 : みんな, 全部	일본말 : 日本語
하지만 : でも	조금 : 少し
-밖에 : ～しか	-ㄹ 수 없다 : ～ことができない
한국말 : 韓国語	

 発音

이번 주 → /이번쭈/	올 수 있어요 → /올쑤이써요/
갈 수 있어요 → /갈쑤이써요/	유학생들도 → /유학쌩들도/
많이 → /마니/	할 수 있어요 → /할쑤이써요/
조금밖에 → /조금바께/	할 수 없어요 → /할쑤업써요/
한국말로 → /한궁말로/	할게요 → /할께요/

7-1. 活用形Ⅱ-ㄹ 수 있다/없다 — ～ことができる/できない

～ことができる	活用形Ⅱ-ㄹ 수 있다
～ことができない	活用形Ⅱ-ㄹ 수 없다

「～ことができる」「～ことができない」のように可能・不可能を表す場合, 活用形Ⅱに-ㄹ 수 있다または -ㄹ 수 없다を付けます。

⑴ 저도 읽을 수 있어요.　　　私も読むことができます。

⑵ 그건 말할 수 없어요.　　　それは言えません。

⑶ 먹을 수 있지만 안 좋아해요.　食べられるけど, 好きじゃありません。

練習　1　次の文を韓国語で書いて発音してみましょう。

① 私も行くことができます。

② それは読むことができません。

③ 全部食べられますか。

④ まだ来ることができませんか。

7-2. -밖에 — ～しか

「～しか」にあたる助詞で, 使い方も日本語の「～しか」とほぼ同じです。

～しか	
子音/母音終わりの体言 -밖에	이것밖에 これしか 여기밖에 ここしか

練習 **2** 次の語に-밖에を付けて発音してみましょう。

① 거기 そこ		② 내일 明日	
③ 만 원 1万ウォン		④ 한 달 1カ月	
⑤ 아침 朝		⑥ 반 半分	
⑦ 저녁 夕方		⑧ 하나 1つ	

7-3. 鼻音化

終声[ᵖ][ᵗ][ᵏ]の後にㄴまたはㅁがあると鼻音化が起こり, [ᵖ]はㅁ, [ᵗ]はㄴ, [ᵏ]はㅇの音になります。発音が変化するだけでつづりは変わりません。

終声		初声	終声	例
[ᵖ] ㅂ, ㅍ			ㅁ	십 만/심만/ 10万
[ᵗ] ㄷ, ㅌ, ㅅ, ㅆ, ㅈ, ㅊ, ㅎ	+	ㄴ ㅁ	→ ㄴ	못 먹어요/몬머거요/ 食べられません
[ᵏ] ㄱ, ㅋ, ㄲ			ㅇ	한국말/한궁말/ 韓国語

07-4
46

練習 3 ▶ 次の文を発音してみましょう。

① 감사합니다.　　ありがとうございます。

② 몇 명이에요?　何人ですか。

③ 작년이에요.　　去年です。

④ 못 마셔요.　　　飲めません。

まとめ

07-5
47

1. 次の文を日本語に訳してみましょう。

① 조금 할 수 있어요.

② 저도 읽을 수 있어요.

③ 파티에 갈 수 없어요?

④ 조금밖에 할 수 없어요.

⑤ 반밖에 안 먹었어요.

07-6
48

2. 次の文を韓国語に訳してみましょう。

① 明日, 行けます。

② みんな来られますか。

③ まだ食べることができません。

④ 1つしかありませんか。

⑤ 1万ウォンしかありません。

07-7
49

3. 次の質問に韓国語で答えてみましょう。

① 어떤 외국어를 할 수 있어요? (どんな外国語ができますか。)

② 매운 음식을 먹을 수 있어요? (辛い食べ物を食べることができますか。)

―電車の中で―

후쿠다: 소주를 마실 수 있어요?

이지연: 아뇨, 마실 수 없어요. 술은 못 마셔요.

후쿠다: 순대는 먹을 수 있어요?

저는 순대를 못 먹어요.

이지연: 저도 전에는 못 먹었지만 지금은 먹을

수 있어요.

후쿠다: 일본 음식은 다 먹을 수 있어요?

이지연: 아뇨, 낫토는 전혀 먹지 못해요.

日本語訳

福田	:	焼酎を飲めますか。
イ・ジヨン	:	いいえ, 飲めません。お酒は飲めないんです。
福田	:	スンデは食べられますか。私はスンデを食べられません。
イ・ジヨン	:	私も以前は食べられなかったんですが, 今は食べられます。
福田	:	日本の食べ物は全部食べられますか。
イ・ジヨン	:	いいえ, 納豆は全然食べられません。

 語句・表現

소주 : 焼酎	마시다 : 飲む
술 : 酒	못 ~ : ～できない
순대 : スンデ	지금 : 今
일본 : 日本	음식 : 食べ物
낫토 : 納豆	전혀 : 全然, まったく
-지 못하다 : ～できない	

 発音

마실 수 있어요 → /마실쑤이써요/	마실 수 없어요 → /마실쑤업써요/
술은 → /수른/	못 마셔요 → /몬마셔요/
먹을 수 있어요 → /머글쑤이써요/	못 먹어요 → /몬머거요/
전에는 → /저네는/	못 먹었지만 → /몬머걷찌만/
지금은 → /지그믄/	일본 음식은 → /일보늠시근/
전혀 → /저녀/	먹지 못해요 → /먹찌모태요/

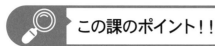

この課のポイント!!

8-1. 못 — 〜できない(1)

〜できない	못 動詞

　動詞の前に못をおくと、「〜できない」という不可能形になります。**名詞と하다が結び付いた動詞の場合のみ名詞と하다の間に못を入れます。**

⑴ 매운 건 못 먹어요.　　　　辛いものは食べられません。

⑵ 어제는 전혀 못 잤어요?　　昨日は全然寝られなかったんですか。

⑶ 조금밖에 이야기 못 했어요.　少ししか話せませんでした。

練習 1 못を使って次の語を不可能形に変えて発音してみましょう。

08-2
51

해요体	不可能形	해요体	不可能形
① 가요 行きます		② 사요 買います	
③ 잊어요 忘れます		④ 찾아요 見つけます	
⑤ 만났어요 会いました		⑥ 봤어요 見ました	
⑦ 전화해요 電話します		⑧ 공부했어요 勉強しました	

8-2. 活用形Ⅰ-지 못하다 ― ～できない⑵

～できない	活用形Ⅰ-지 못하다

動詞の活用形Ⅰに-지 못하다を付けても「～できない」という不可能形になります。

基本形	不可能形	해요体 非過去形	해요体 過去形
주다 あげる	주지 못하다 あげられない	주지 못해요 あげられません	주지 못했어요 あげられませんでした
먹다 食べる	먹지 못하다 食べられない	먹지 못해요 食べられません	먹지 못했어요 食べられませんでした

練習 2 ▶ Ⅰ-지 못하다を使って次の語を不可能形に変えて発音してみましょう。

基本形	해요体 非過去形	基本形	해요体 過去形
① 나오다 出て来る		② 받다 もらう	
③ 만들다 作る		④ 놀다 遊ぶ	
⑤ 쓰다 使う		⑥ 말하다 言う	
⑦ 팔다 売る		⑧ 일어나다 起きる	

8-3. 程度を表す副詞

全部, みんな	다
たくさん	많이
少し	조금
全然, 全く	전혀

⑴ 다 무료예요. 　　　　全部無料です。

⑵ 시간이 많이 걸려요?　時間がたくさんかかりますか。

⑶ 여기서 조금 멀어요.　ここから少し遠いです。

⑷ 전혀 없었어요. 　　　全然なかったです。

練習 3▶ 日本語に合うように, 副詞を入れて発音してみましょう。

① そんなにたくさん食べたんですか。

그렇게 ＿＿＿＿＿＿ 먹었어요?

② 少し暑いけど大丈夫です。

＿＿＿＿＿＿ 덥지만 괜찮아요.

③ その本は全部読みましたか。

그 책은 ＿＿＿＿＿＿ 읽었어요?

④ 韓国語は全然難しくありません。

한국어는 ＿＿＿＿＿＿ 어렵지 않아요.

まとめ

08-5
54

1. 次の文を日本語に訳してみましょう。

① 소주를 못 마셔요.

② 어제 못 봤어요.

③ 전혀 잊지 못해요?

④ 이야기 못 해요.

⑤ 조금밖에 못 잤어요.

08-6
55

2. 次の文を韓国語に訳してみましょう。

① たくさん食べられません。

② 昨日, 行けませんでした。

③ 朝, 起きられませんでした。(朝 아침에)

④ 私は作れません。

⑤ 全然遠くありません。

08-7
56

3. 次の質問に韓国語で答えてみましょう。

① 무슨 음식을 먹지 못해요? (どんな食べ物を食べられませんか。)

② 술을 얼마나 마실 수 있어요? (お酒をどれくらい飲むことができますか。)

9 뭘 찾으세요?

―韓国の書店で―

점　원: 뭘 찾으세요?

후쿠다: 이 책 있어요?

점　원: 네, 있어요. 이쪽으로 오세요.

후쿠다: 아, 고맙습니다. 이거 주세요.

점　원: 근데 일본 분이세요?

　　　한국말 참 잘하시네요.

후쿠다: 아니에요. 아직 멀었어요.

日本語訳

店員 ： 何をお探しですか。

福田 ： この本, ありますか。

店員 ： はい, あります。こちらへいらしてください。

福田 ： あ, ありがとうございます。これください。

店員 ： ところで, 日本の方ですか。韓国語, 本当にお上手ですね。

福田 ： いいえ。まだまだです。

 語句・表現

뭘 : 何を, 何かを	찾다 : 探す
이 : この	책 : 本
있다 : ある, いる	이쪽 : こちら
고맙습니다 : ありがとうございます	이거 : これ
주다 : あげる, くれる	분 : 方
참 : 本当に	잘하다 : 上手だ
아니에요 : いいえ, 違います	아직 멀었어요 : まだまだです

 発音

찾으세요 → /차즈세요/	있어요 → /이써요/
이쪽으로 → /이쪼그로/	고맙습니다 → /고맙씀니다/
분이세요 → /부니세요/	한국말 → /한궁말/
잘하시네뇨 → /자라시네요/	아직 멀었어요 → /아징머러써요/

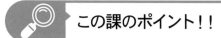
9-1. 尊敬の해요体（動詞・形容詞・存在詞の非過去形）

尊敬の現在形	活用形II-세요

　用言の活用形IIに-세요を付けると，「～なさいます」「～でいらっしゃいます」のような尊敬形になります。動詞に付いた場合は「～てください」という命令や指示の意味にもなります。疑問文は「?」を付け，イントネーションを上げて発音します。

⑴ 손님이 기다리세요.　　お客様がお待ちです。

⑵ 어디가 아프세요?　　どこが痛いんですか。

⑶ 기분이 안 좋으세요?　　気分がよろしくないですか。

⑷ 또 놀러 오세요.　　また遊びに来てください。

09-2
58

練習 1 次の語をII-세요の形に変えて発音してみましょう。

基本形	II-세요	基本形	II-세요
① 보다 見る		② 있다 ある	
③ 입다 着る		④ 받다 もらう	
⑤ 바쁘다 忙しい		⑥ 신다 履く	
⑦ 쓰다 書く, 使う		⑧ 좋아하다 好きだ	

9-2. 尊敬の해요体(指定詞の非過去形)

体言に-이세요/세요を付けると，「日本の方でいらっしゃいます」のような肯定文を作ることができます。また，体言に-이/가を付け，その後に아니세요を続けると，「韓国の方ではいらっしゃいません」のような否定文を作ることができます。どちらも疑問文は「?」を付け，イントネーションを上げて発音します。

	肯定 〜でいらっしゃいます	否定 〜ではいらっしゃいません
子音終わりの体言	-이세요	-이 아니세요
母音終わりの体言	-세요	-가 아니세요

⑴ 일본 분이세요.　　　日本の方でいらっしゃいます。

⑵ 한국 분이 아니세요.　韓国の方ではいらっしゃいません。

練習 2 ▶ 次の文を韓国語で書いて発音してみましょう。

> 집　　　　할머니
> 家　　　　おばあさん

① 韓国の方でいらっしゃいます。

② 家はどちら(どこ)ですか。(尊敬)

③ そのおばあさんではありません。(尊敬)

④ お客様ではないですか。(尊敬)

9-3. 活用形I-네요 — 〜ですね, 〜ますね

〜ですね, 〜ますね	活用形I-네요

「〜ですね, 〜ますね」のように驚きや感心を表す場合は, 用言の活用形Iに-네요を付けます。過去形にも付けることができます。

⑴ 너무 비싸네요.　　　　すごく高いですね。

⑵ 이거 정말 재미있네요.　これ本当におもしろいですね。

⑶ 열심히 공부하시네요.　一生懸命勉強なさってますね。

⑷ 시간이 다 됐네요.　　　もう時間になりましたね。

09-4
60

練習 3 　次の語をI-네요の形に変えて発音してみましょう。

基本形	I-네요	基本形	I-네요
① 어렵다 難しい		② 쉽다 易しい	
③ 차다 冷たい		④ 잘하다 上手だ	
⑤ 좋다 よい		⑥ 찾았다 見つけた	
⑦ 아직이다 まだだ		⑧ 잘됐다 うまくいった	

まとめ

09-5
61

1. 次の文を日本語に訳してみましょう。

　① 또 오세요.

　② 한국 분이세요?

　③ 그 할머니가 아니세요?

　④ 한국말 잘하시네요.

　⑤ 아직 멀었어요.

09-6
62

2. 次の文を韓国語に訳してみましょう。

　① 何をお探しですか。

　② 日本の方でいらっしゃいますか。

　③ お客様ではないですか。(尊敬)

　④ 本当にうまくいきましたね。

　⑤ これすごくいいですね。

09-7
63

3. 次の質問に韓国語で答えてみましょう。

　① 일본 분이세요? (日本の方ですか。)

　② 한국말 잘하시네요. (韓国語、お上手ですね。)

10 선생님, 식사하셨어요?

─大学の廊下で─

후쿠다: **선생님, 식사하셨어요?**

선생님: **네, 먹었어요.**

후쿠다: **저…, 혹시 지금 시간 있으세요?**

선생님: **미안해요. 지금은 안 돼요.**

^세3시 이후에는 괜찮아요.

후쿠다: **그럼 ^네4시쯤에 연구실에 계세요?**

선생님: **네, 그 시간에 연구실로 와요.**

日本語訳

> 福田 ： 先生, お食事なさいましたか。
>
> 先生 ： ええ, 食べました。
>
> 福田 ： あのう…, もしかして, 今お時間おありですか。
>
> 先生 ： ごめんなさい。今はだめです。3時以降には大丈夫です。
>
> 福田 ： じゃあ, 4時ごろ, 研究室にいらっしゃいますか。
>
> 先生 ： ええ, その時間に研究室へ来てください。

 ## 語句・表現

선생님 : 先生	식사하다 : 食事する
저 : あのう	혹시 : もしかして
시간 : 時間	안 되다 : だめだ
시 : ～時	이후 : 以後, 以降
괜찮다 : 大丈夫だ	-쯤 : ～ごろ
연구실 : 研究室	계시다 : いらっしゃる
그 : その	-로 : ～へ

 ## 発音

식사하셨어요 → /식싸하셔써요/	먹었어요 → /머거써요/
혹시 → /혹씨/	있으세요 → /이쓰세요/
미안해요 → /미아내요/	지금은 → /지그믄/
괜찮아요 → /괜차나요/	네 시쯤에 → /네시쯔메/
연구실에 → /연구시레/	시간에 → /시가네/

10-1. 尊敬の해요体(過去形)

尊敬の過去形	活用形Ⅱ-셨어요

用言の活用形Ⅱに-셨어요を付けると，「～なさいました」「～でいらっしゃいました」のような尊敬形になります。疑問文は「?」を付け，イントネーションを上げて発音します。

⑴ 많이 기다리셨어요?　　　だいぶ待たれましたか。

⑵ 기분이 안 좋으셨어요?　　気分がよろしくなかったんですか。

⑶ 한국에서 놀러 오셨어요.　韓国から遊びにいらっしゃいました。

練習 1　次の語をⅡ-셨어요の形に変えて発音してみましょう。

10-2
65

基本形	Ⅱ-셨어요	基本形	Ⅱ-셨어요
① 보다 見る		② 있다 ある	
③ 입다 着る		④ 받다 もらう	
⑤ 바쁘다 忙しい		⑥ 앉다 座る	
⑦ 쓰다 書く, 使う		⑧ 좋아하다 好きだ	

10-2. 尊敬動詞

一部の用言には尊敬動詞があります。

非尊敬	尊敬
먹다 食べる, 마시다 飲む	드시다 召し上がる
있다 いる	계시다 いらっしゃる
없다 いない	안 계시다 いらっしゃらない

해요体の非過去形と過去形の作り方は以下の通りです。

	非過去形 -시다を取って-세요を付ける	過去形 -시다を取って-셨어요を付ける
드시다	드세요	드셨어요
계시다	계세요	계셨어요

練習 2 下線部を尊敬形に変えて発音してみましょう。

10-3
66

① 많이 먹어요.　　　　　たくさん食べてください。

② 아까 뭘 마셨어요?　　　さっき何を飲んでいたんですか。

③ 오늘은 집에 있어요.　　今日は家にいます。

④ 교실에는 없었어요.　　教室にはいませんでした。

10-3. -으로/로 ― ～へ

方向を表す日本語の「～へ」にあたる助詞で，使い方も日本語の「～へ」とほぼ同じです。

～へ	
ㄹ以外の子音終わりの体言 -으로	공항으로 空港へ
ㄹ終わりの体言 母音終わりの体言 -로	교실로　　거기로 教室へ　　そこへ

練習 3 ▶ 次の語に-으로/로を付けて発音してみましょう。

① 학교 学校		② 회사 会社	
③ 역 駅		④ 아파트 マンション	
⑤ 도서관 図書館		⑥ 호텔 ホテル	
⑦ 화장실 トイレ		⑧ 병원 病院	

まとめ

10-5
68

1. 次の文を日本語に訳してみましょう。

　① 혹시 많이 기다리셨어요?

　② 선생님은 식사하셨어요?

　③ 오늘 뭘 드세요?

　④ 지금 연구실에 계세요.

　⑤ 아까 병원으로 가셨어요.

10-6
69

2. 次の文を韓国語に訳してみましょう。

　① お忙しかったですか。

　② このドラマ、ご覧になりましたか。(このドラマ 이 드라마)

　③ たくさん召し上がりましたか。

　④ さっき教室にいらっしゃいました。

　⑤ 学校へ来てください。

10-7
70

3. 次の質問に韓国語で答えてみましょう。

　① 부모님은 어디에 계세요? (ご両親はどこにいらっしゃいますか。)

　② 수업 후에 어디로 가요? (授業後にどこへ行きますか。)

11 요즘 무슨 알바를 하고 있어요?

─教室で─

후쿠다: 요즘 무슨 알바를 하고 있어요?

이지연: 한국어를 가르치고 있어요.

　　　　후쿠다 씨는 무슨 알바를 하고 있어요?

후쿠다: 요즘은 안 하고 있어요.

이지연: 전에는 어떤 알바를 했어요?

후쿠다: 지난달까지는 편의점에서 일했어요.

日本語訳

福田	：	最近, 何のバイトをしていますか。
イ・ジヨン	：	韓国語を教えています。
		福田さんは, 何のバイトをしていますか。
福田	：	最近はしていません。
イ・ジヨン	：	以前はどんなバイトをしましたか。
福田	：	先月まではコンビニで働きました。

 語句・表現

요즘：最近	무슨：何の
한국어：韓国語	가르치다：教える
어떤：どんな	지난달：先月
편의점：コンビニ	일하다：働く

 発音

있어요 → /이써요/	한국어를 → /한구거를/
요즘은 → /요즈믄/	안 하고 → /아나고/
했어요 → /해써요/	어떤 알바를 → /어떠날바를/
편의점에서 → /펴니저메서/	일했어요 → /이래써요/

この課のポイント!!

11-1. 活用形I-고 있다 ― ～ている

～ている	活用形I-고 있다

活用形I-고 있다は動作が継続・進行している意味を表します。

⑴ 아직 자고 있어요.　　　　まだ寝ています。

⑵ 지금 뭐 하고 있었어요?　今, 何してたんですか。

11-2
72

練習 1 　次の語を例のように変えて発音してみましょう。

하다 する	하고 있어요	하다 する	하고 있었어요
① 쓰다 書く, 使う		② 살다 住む	
③ 입다 着る		④ 알다 知る	
⑤ 찾다 探す		⑥ 배우다 習う	
⑦ 다니다 通う		⑧ 보다 見る	

11-2. 어떤 — どんな

どんな	어떤

⑴ 어떤 분이세요?　　　どんな方ですか。

⑵ 어떤 음식을 좋아해요?　どんな食べ物が好きですか。

11-3
73

練習 2 ▶ 次の文を韓国語で書いて発音してみましょう。

노래	사람	옷	맛
歌	人	服	味

① どんな歌が好きですか。

② どんな人ですか。

③ どんな服を着ていますか。

④ どんな味ですか。

11-3. 2つの助詞

韓国語でも日本語と同じように助詞を2つつなげて使うことができます。

-에 ～に				-에는
-에서 ～で[場所] ～から[場所]				-에서는
-부터 ～から[時間]	+	-는 ～は	=	-부터는
-까지 ～まで				-까지는
-으로/로 ～で[手段] ～へ				-으로/로는
-하고 ～と				-하고는

-만 ～だけ	+	-은 ～は	=	-만은

🎧 練習 3 ▶ 日本語に合うように助詞を入れて発音してみましょう。

11-4
74

① 来月からは大丈夫です。

다음 달＿＿＿＿＿ 괜찮아요.

② 教室にはいらっしゃいませんでした。

교실＿＿＿＿＿ 안 계셨어요.

③ それだけはだめです。

그것＿＿＿＿＿ 안 돼요.

④ そのお店では売っていません。

그 가게＿＿＿＿＿ 안 팔아요.

まとめ

1. 次の文を日本語に訳してみましょう。

① 지금 한국어를 배우고 있어요.

② 뭘 가르치고 있어요?

③ 어떤 노래를 좋아해요?

④ 어떤 가게예요?

⑤ 지난달까지는 괜찮았어요.

2. 次の文を韓国語に訳してみましょう。

① 学校に通っています。(学校 학교)

② どこに住んでいますか。(どこ 어디)

③ どんなバイトをしていますか。

④ どんな人が好きですか。

⑤ 来月からはコンビニで働きます。

3. 次の質問に韓国語で答えてみましょう。

① 어떤 노래를 좋아해요? (どんな歌が好きですか。)

② 지금 어떤 알바를 하고 있어요? (今, どんなバイトをしていますか。)

12 좀 가르쳐 주세요.

―教室で―

이지연: 이거 뭐라고 읽어요? 좀 가르쳐 주세요.

후쿠다: 네, 보여 주세요. '사보텐' 이라고 읽어요.

이지연: 한자는 정말 어렵네요.

후쿠다: 그렇죠?

이지연: 네. 근데 한국어는 어렵지 않아요?

후쿠다: 조금 어렵지만 재미있어요.

日本語訳

イ・ジヨン	： これ, 何と読むんですか。ちょっと教えてください。
福田	： ええ, 見せてください。「サボテン」と読みます。
イ・ジヨン	： 漢字は本当に難しいですね。
福田	： そうでしょう。
イ・ジヨン	： ええ。ところで, 韓国語は難しくないですか。
福田	： 少し難しいけど, 楽しいです。

 語句・表現

읽다 : 読む	좀 : ちょっと
보이다 : 見せる	-이라고 : 〜と
한자 : 漢字	정말 : 本当, 本当に
어렵다 : 難しい	

 発音

읽어요 → / 일거요 /	'사보텐' 이라고 → / 사보테니라고 /
한자 → / 한짜 /	어렵네요 → / 어렴네요 /
그렇죠 → / 그러초 /	한국어는 → / 한구거는 /
어렵지 → / 어렵찌 /	않아요 → / 아나요 /
어렵지만 → / 어렵찌만 /	재미있어요 → / 재미이써요 /

 **この課のポイント!!**

12-1. 活用形Ⅲ 주다 — ～てくれる, ～てあげる

～てくれる ～てあげる	活用形Ⅲ 주다

주다は「くれる, あげる」という意味がありますが, 活用形Ⅲの後に주다を続けると「～てくれる, ～てあげる」という意味になります。

⑴ 언제나 저를 생각해 줘요.　いつも私のことを考えてくれます。

⑵ 제가 사진을 찍어 줬어요.　私が写真を撮ってあげました。

12-2

79

練習 1 次の語を例のように変えて発音してみましょう。

하다 する	해 줘요	하다 する	해 줬어요
① 말하다 言う		② 사다 買う	
③ 보내다 送る		④ 읽다 読む	
⑤ 찾다 探す		⑥ 이야기하다 話す	
⑦ 기다리다 待つ		⑧ 넣다 入れる	

12-2. 活用形Ⅲ 주세요 — ～てください

～てください	活用形Ⅲ 주세요

　活用形Ⅲの後に주세요を続けると「～てください」のような何かを依頼する表現になります。

⑴ 문 좀 열어 주세요.　　ドアちょっと開けてください。

⑵ 이쪽으로 와 주세요.　こちらへ来てください。

練習 2 ▶ 次の文を韓国語で書いて発音してみましょう。

잠깐만	다시 한번	같이	가다
少しだけ	もう一度	一緒に	行く

① 少しだけ待ってください。

② もう一度読んでください。

③ これ韓国語で言ってください。

④ 一緒に行ってください。

12-3. -이라고/라고 — ～と

「～と言います」「～だと聞きました」のように引用を表す日本語の「～と, ～だと」にあたる助詞で, 使い方も日本語の「～と, ～だと」とほぼ同じです。

～と	
子音終わりの体言 -이라고	**선물**이라고 プレゼントだと
母音終わりの体言 -라고	**뭐**라고 何と

12-4
81

練習 3 次の語に-이라고/라고を付けて発音してみましょう。

① 언제 いつ		② 집 家	
③ 아침 朝		④ 취미 趣味	
⑤ 다음 달 来月		⑥ 하나 1つ	
⑦ 매일 毎日		⑧ 회사 会社	

まとめ

1. 次の文を日本語に訳してみましょう。

① 제가 사진을 찍어 줬어요.

② 한자를 가르쳐 줬어요.

③ 이거 찾아 주세요.

④ 다시 한번 보내 주세요.

⑤ 뭐라고 말해요?

2. 次の文を韓国語に訳してみましょう。

① 誰が買ってくれましたか。(誰が 누가)

② 一緒に探してあげました。

③ 少し待ってください。

④ 日本語で話してください。(日本語 일본어)

⑤ 何と読みますか。

3. 次の質問に韓国語で答えてみましょう。

① 친구 생일 때 뭘 사 줬어요?
   (友だちの誕生日のとき何を買ってあげましたか。)

② '스시'를 한국말로 뭐라고 해요? (「寿司」を韓国語で何といいますか。)

―ファミレスで―

후쿠다 : 일본에서 어디에 가 봤어요?

이지연 : 교토하고 오사카에 가 봤어요.

후쿠다 : 홋카이도에는 가 봤어요?

이지연 : 아뇨, 아직 못 가 봤어요.

후쿠다 : 홋카이도는 음식도 맛있고 경치도

정말 좋아요.

꼭 한번 가 보세요.

日本語訳

福田	：	日本でどこに行ったことがありますか。
イ・ジヨン	：	京都と大阪に行ったことがあります。
福田	：	北海道には行ったことがありますか。
イ・ジヨン	：	いいえ, まだ行ったことがありません。
福田	：	北海道は, 食べ物もおいしいし, 景色も本当にいいです。
		ぜひ一度, 行ってみてください。

語句・表現

보다 : 見る, みる   -고 : ～て

경치 : 景色   좋다 : よい, いい

꼭 : ぜひ   한번 : 一度

発音

일본에서 → /일보네서/   봤어요 → /봐써요/

아직 못 가 봤어요 → /아징몯까봐써요/

음식도 → /음식또/   맛있고 → /마싣꼬/

좋아요 → /조아요/   꼭 한번 → /꼬칸번/

この課のポイント！！

13-1. 活用形Ⅲ 보다 — ～てみる

～てみる	活用形Ⅲ 보다

　보다は「見る」という意味ですが, 活用形Ⅲの後に보다を続けると「～てみる」という意味になります。過去形になると「～ことがある」というような意味にもなります。

⑴ 다음에 가 볼게요.　　今度行ってみますね。

⑵ 그것도 먹어 봤어요.　　それも食べてみました/食べたことがあります。

練習 1 次の語を例のように変えて発音してみましょう。

하다 する	해 볼게요	하다 する	해 봤어요
① 읽다 読む		② 오다 来る	
③ 만들다 作る		④ 열다 開ける	
⑤ 전화하다 電話する		⑥ 이야기하다 話す	
⑦ 기다리다 待つ		⑧ 사다 買う	

13-2. 活用形Ⅲ 보세요 — 〜てみてください

〜てみてください	活用形Ⅲ 보세요

　活用形Ⅲの後に보세요を続けると「〜てみてください」のような何かを勧める表現になります。

⑴ 잘 생각해 보세요.　　よく考えてみてください。

⑵ 이 옷도 입어 보세요.　この服も着てみてください。

練習 2 次の文を韓国語で書いて発音してみましょう。

드시다	일본어	말하다	집
召し上がる	日本語	言う	家

① ぜひ一度召し上がってみてください。

② 今度行ってみてください。

③ 日本語で言ってみてください。

④ 家で作ってみてください。

13-3. 活用形Ⅰ-고 — ～て

～て	活用形Ⅰ-고

　活用形Ⅰ-고は日本語の「～て, ～で」のように動作や状態などが並列していることや, 1つの動作がもう1つの動作より先に起こることを表します。

① 並列

⑴ 이 집은 싸고 맛있어요.　　　この店は安くておいしいです。

⑵ 이게 물이고 그게 술이에요.　これが水で, それがお酒です。

⑶ 친구가 아니고 선배예요.　　友だちじゃなくて先輩です。

② 動作の先行

⑷ 수업이 끝나고 뭐 해요?　　授業が終わって何しますか。

13-4
88

練習 3 ▶ 次の語をⅠ-고の形に変えて発音してみましょう。

基本形	Ⅰ-고	基本形	Ⅰ-고
① 보다 見る		② 세우다 立てる, 止める	
③ 놀다 遊ぶ		④ 작다 小さい	
⑤ 아프다 痛い		⑥ 재미있다 面白い	
⑦ 계시다 いらっしゃる		⑧ 학생이다 学生だ	

1. 次の文を日本語に訳してみましょう。

① 한번 전화해 볼게요.

② 아직 못 가 봤어요?

③ 다음에 와 보세요.

④ 음식도 맛있고 경치도 좋아요.

⑤ 수업 끝나고 친구랑 놀았어요.

2. 次の文を韓国語に訳してみましょう。

① 家で作ってみました。

② 今度, 話してみますね。

③ ぜひ一度, 食べてみてください。

④ この店は安くておいしいです。

⑤ 映画を見て食事をしました。(映画 영화, 食事 식사)

3. 次の質問に韓国語で答えてみましょう。

① 한국에 가 봤어요? (韓国に行ったことがありますか。)

② 수업이 끝나고 뭐 해요? (授業が終わって何しますか。)

14 방학 때 뭐 하고 싶어요?

―電車の中で―

후쿠다 : 방학 때 뭐 하고 싶어요?

이지연 : 운전면허를 따고 싶어요.

후쿠다 씨는요?

후쿠다 : 저는 외국 여행을 하고 싶어요.

이지연 : 어느 나라에 가 보고 싶어요?

후쿠다 : 저는 영국에 가 보고 싶어요.

해리포터를 좋아하거든요.

日本語訳

福田	:	休みのとき, 何したいですか。
イ・ジヨン	:	運転免許を取りたいです。福田さんは?
福田	:	私は外国旅行をしたいです。
イ・ジヨン	:	どの国に行ってみたいですか。
福田	:	私はイギリスに行ってみたいです。
		ハリーポッターが好きなんです。

 語句・表現

방학 : (学校の)長期休暇	때 : とき
-고 싶다 : ～たい	운전면허 : 運転免許
따다 : 取る	외국 : 外国
여행 : 旅行	어느 : どの
나라 : 国	영국 : イギリス
해리포터 : ハリーポッター	

 発音

싫어요 → /시퍼요/	운전면허를 → /운전며너를/
후쿠다 씨는요 → /후쿠다씨는뇨/	외국 여행 → /외궁녀행/
영국에 → /영구게/	좋아하거든요 → /조아하거든뇨/

14-1. 活用形I-고 싶다 — ～たい

～たい	活用形I-고 싶다

活用形I-고 싶다は「～たい」のように願望を表す表現です。

⑴ 같이 가고 싶어요?　　　　　　　一緒に行きたいですか。

⑵ 그것도 하고 싶었어요.　　　　　それもしたかったです。

⑶ 지금은 안 먹고 싶어요.　　　　今は食べたくないです。

⑷ 더 있고 싶지만 시간이 없어요.　もっといたいけど時間がありません。

練習 1 　次の語を例のように変えて発音してみましょう。

14-2
93

하다 する	하고 싶어요	하다 する	하고 싶었어요
① 사다 買う		② 보다 見る	
③ 주다 あげる		④ 받다 もらう	
⑤ 만나다 会う		⑥ 배우다 習う	
⑦ 마시다 飲む		⑧ 오다 来る	

14-2. 活用形Ⅲ 보고 싶다 — 〜てみたい

〜てみたい	活用形Ⅲ 보고 싶다

「〜てみたい」という場合は，Ⅲ 보다(〜てみる)の後ろに I-고 싶다(〜たい)を付けます。

⑴ 한복을 입어 보고 싶어요.　韓服を着てみたいです。

⑵ 한번 먹어 보고 싶었어요.　一度食べてみたかったです。

⑶ 어디에 가 보고 싶으세요?　どこに行ってみられたいですか。

練習 2 次の文を韓国語で書いて発音してみましょう。

읽다	말	일하다	만들다
読む	言葉	働く	作る

① それも読んでみたかったです。

② どの国の言葉を習ってみたいですか。

③ 外国で働いてみたいです。

④ 一緒に作ってみられたいですか。

14-3. 活用形Ⅰ-거든요 ― ～んですよ

～んですよ	活用形Ⅰ-거든요

　活用形Ⅰ-거든요は「～んですよ」のように何か説明するときに用いられる表現です。過去形にも付けることができます。

⑴ 저녁에는 시간이 없거든요.　　夕方には時間がないんです。

⑵ 빵 하나밖에 못 먹었거든요.　　パン1つしか食べられなかったんです。

⑶ 너무 가 보고 싶었거든요.　　すごく行ってみたかったんですよ。

⑷ 내일 시험이거든요.　　　　　明日, 試験なんですよ。

練習 3 ▶ 次の文を韓国語で書いて発音してみましょう。

알바	바쁘다
バイト	忙しい

① 夕方にバイトがあるんです。

② 私しかいなかったんですよ。

③ 明日は忙しいんです。

④ 運転免許を取りたいんですよ。

まとめ

14-5
96

1. 次の文を日本語に訳してみましょう。

① 내일 뭐 하고 싶어요?

② 저는 안 가고 싶어요.

③ 어떤 외국어를 배워 보고 싶어요?

④ 한복을 입어 보고 싶었어요.

⑤ 지금은 시간이 없거든요.

14-6
97

2. 次の文を韓国語に訳してみましょう。

① それも買いたかったです。

② ラーメンを食べたいです。(ラーメン 라면)

③ フランスに行ってみたいです。(フランス 프랑스)

④ 外国で働いてみたいですか。

⑤ パンが好きなんですよ。

14-7
98

3. 次の質問に韓国語で答えてみましょう。

① 지금 뭘 갖고 싶어요? (今, 何が欲しいですか。)

② 방학 때 뭐 하고 싶어요? (休みのとき, 何したいですか。)

15 시간이 없으니까 빨리 먹어요.

ー学校の食堂でー

이지연: 벌써 수업 시간이네요.

후쿠다: 네, 시간이 없으니까 빨리 먹어요.

이지연: 점심 시간이 짧아서 커피도 마실 수 없네요.

후쿠다: 맞아요. 하지만 내일은 3교시가 없으니까 천천히 먹을 수 있어요.

이지연: 그럼 내일은 학교 밖에서 먹어요.

日本語訳

イ・ジヨン	: もう授業時間ですね。
福田	: ええ, 時間がないから, 早く食べましょう。
イ・ジヨン	: 昼休みの時間が短くて, コーヒーも飲めませんね。
福田	: そのとおりです。でも, 明日は3時限目がないから, ゆっくり食べられます。
イ・ジヨン	: じゃあ, 明日は学校の外で食べましょう。

 語句・表現

벌써 : もう	수업 : 授業
시간 : 時間	없다 : ない, いない
-니까 : ～から	빨리 : 速く, 早く
짧다 : 短い	-서 : ～て
커피 : コーヒー	맞다 : 合う
내일 : 明日	교시 : 時限目
천천히 : ゆっくり	밖 : 外

 発音

시간이네요 → /시가니네요/	시간이 → /시가니/
없으니까 → /업쓰니까/	먹어요 → /머거요/
짧아서 → /짤바서/	마실 수 없네요 → /마실쑤엄네요/
맞아요 → /마자요/	내일은 → /내이른/
천천히 → /천처니/	먹을 수 있어요 → /머글쑤이써요/
학교 → /학꾜/	밖에서 → /바께서/

15-1. 活用形Ⅱ-니까 ― ～から, ～ので

～から, ～ので	活用形Ⅱ-니까

活用形Ⅱ-니까は「～から」「～ので」のように理由を表します。過去形にも付けることができます。

⑴ 오늘은 바쁘**니까** 내일 만나요.　今日は忙しいから明日会いましょう。

⑵ 저는 괜찮으**니까** 빨리 가세요.　私は大丈夫なので早く行ってください。

⑶ 그건 배웠으**니까** 알아요.　　　それは習ったのでわかります。

練習 1 ▶ 次の語をⅡ-니까の形に変えて発音してみましょう。

基本形	Ⅱ-니까	基本形	Ⅱ-니까
① 좋다 いい		② 오다 来る	
③ 재미없다 つまらない		④ 많다 多い	
⑤ 학생이다 学生だ		⑥ 안 되다 だめだ	
⑦ 싸다 安い		⑧ 받다 もらう	

15-2. 活用形Ⅲ-서 — 〜て

〜て	活用形Ⅲ-서

活用形Ⅲ-서は「〜て」のように理由や動作の先行を表します。

① 理由

⑴ 많이 먹어서 배불러요.　　　たくさん食べておなかいっぱいです。

⑵ 너무 비싸서 못 샀어요.　　　すごく高くて買えませんでした。

② 動作の先行

⑶ 도서관에 가서 공부해요.　　図書館に行って勉強します。

練習 2 次の語をⅢ-서の形に変えて発音してみましょう。

基本形	Ⅲ-서	基本形	Ⅲ-서
① 같다 同じだ		② 생각하다 考える	
③ 일어나다 起きる		④ 늦다 遅い	
⑤ 열다 開ける		⑥ 걸리다 (時間が)かかる	
⑦ 마시다 飲む		⑧ 차다 冷たい	

15-3. 語尾の使い分け

① 動作の先行を表すⅠ-고とⅢ-서

Ⅰ-고は前後の動作に関連がない場合, Ⅲ-서は前後の動作に関連がある場合に使います。Ⅰ-고は過去形にも付きます。

(1) 저녁을 먹고 영화를 봤어요.　　夕飯を食べて映画を見ました。

(2) 집에 가서 텔레비전을 봤어요.　　家に帰ってテレビを見ました。

(1)は「夕飯を食べる」ことと「映画を見る」ことは直接関連がありません。しかし, (2)は「家に帰って(家で)テレビを見る」という意味なので「家に帰る」ことと「(家で)テレビを見る」ことに関連があります。

② 理由を表すⅡ-니까とⅢ-서

基本的に日本語で「～から」と言える場合はⅡ-니까, 「～て」と言える場合はⅢ-서を使うといいでしょう。Ⅱ-니까は過去形にも付きます。Ⅲ-서は後ろに勧誘, 命令, 依頼, 意志などの表現が来ることは通常ありません。

(3) 맛있으니까 먹어 봐요.　　おいしいから食べてみてください。

(4) 재미있어서 많이 웃었어요.　　おもしろくてたくさん笑いました。

練習 3　適切なものを選び, 文を発音してみましょう。

15-4
102

① ここに座ってお待ちください。

여기에 (앉고 / 앉아서) 기다리세요.

② 友だちと遊んで家に帰りました。

친구랑 (놀고 / 놀아서) 집에 갔어요.

③ 雨が降っているから明日行きましょう。

비가 (오니까 / 와서) 내일 가요.

まとめ

15-5
103

1. 次の文を日本語に訳してみましょう。

① 시간이 많으니까 괜찮아요.

② 비가 왔으니까 집에 있었어요.

③ 맛있어서 많이 먹었어요.

④ 도서관에 가서 공부해요.

⑤ 앉아서 기다렸어요.

15-6
104

2. 次の文を韓国語に訳してみましょう。

① 時間がないから早く行きましょう。

② 今日は忙しいから明日会いましょう。

③ すごく高くて買えません。

④ 朝起きてコーヒーを飲みました。(朝 아침에)

⑤ 映画を見て夕飯を食べました。

15-7
105

3. 次の質問に韓国語で答えてみましょう。

① 왜 한국어를 배워요? (どうして韓国語を習っているんですか。)

② 왜 지금의 전공을 선택했어요? (どうして今の専攻を選びましたか。)

요즘 케이팝에 빠져 있는 사람이 많네요.

16-1
106

―食堂で―

이지연: 요즘 케이팝에 빠져 있는 사람이 많네요.

후쿠다: 네, 드라마를 좋아하는 친구도 많아요.

이지연: 그럼 한국어 배우는 친구도 많죠?

후쿠다: 네, 한국어는 인기가 있어요. 한국에도

　　　　일본어를 공부하는 학생이 많아요?

이지연: 네, 일본으로 유학 오는 사람도 많아요.

日本語訳

イ・ジョン	： 最近, K-POPにはまっている人が多いですね。
福田	： はい, ドラマが好きな友だちも多いです。
イ・ジョン	： じゃあ, 韓国語, 習っている友だちも多いでしょう。
福田	： ええ, 韓国語は人気があります。
	韓国にも, 日本語を勉強している学生が多いですか。
イ・ジョン	： はい, 日本に留学してくる人も多いです。

 語句・表現

케이팝 : K-POP	빠지다 : はまる
-는 : 〜ている…	드라마 : ドラマ
배우다 : 習う	인기 : 人気
일본어 : 日本語	공부하다 : 勉強する
학생 : 学生	유학 : 留学

 発音

케이팝에 → /케이파베/	있는 → /인는/
사람이 → /사라미/	많네요 → /만네요/
좋아하는 → /조아하는/	많아요 → /마나요/
한국어 → /한구거/	많죠 → /만초/
인기 → /인끼/	있어요 → /이써요/
한국에도 → /한구게도/	일본어를 → /일보너를/
학생이 → /학쌩이/	일본으로 → /일보느로/
유학 오는 → /유하고는/	

この課のポイント！！

16-1. 活用形Ⅲ 있다 ― 〜ている

〜ている	活用形Ⅲ 있다

　活用形Ⅲ 있다は**動作の結果が残って持続している状態**を表します。自動詞(-을/를(〜を)と一緒に使えない動詞)にしか付きません。

⑴ 친구가 집에 **와 있어요.**　　　友だちが家に来ています。

⑵ 홈페이지에 **나와 있었어요?**　ホームページに出ていましたか。

107

練習 1　次の語を例のように変えて発音してみましょう。

나오다 出る	나와 있어요	나오다 出る	나와 있었어요
① 앉다 座る		② 일어나다 起きる	
③ 살다 生きる		④ 걸리다 かかる	
⑤ 잘되다 うまくできる		⑥ 가다 行く	
⑦ 열리다 開く		⑧ 남다 残る	

16-2. 活用形I-는(1) — 〜する…, 〜している…

〜する… 〜している…	活用形I-는

動詞を**非過去連体形**にするには, 活用形Iに-는を付けます。連体形とは後に体言(名詞など)が来る場合の形のことです。

⑴ 한국어를 배우는 학생   韓国語を学んでいる学生

⑵ 사진을 찍는 것   写真を撮ること

⑶ 좋아하는 음식   好きな食べ物

✐ 좋아하다(好きだ), 싫어하다(嫌いだ), 잘하다(上手だ), 모르다(分からない, 知らない)などは動詞です。

16-3
108

練習 2 日本語に合うように空欄を埋めて文を発音してみましょう。

싫어하다 嫌いだ	부르다 歌う	닫다 閉める	만나다 会う

① いちばん嫌いな食べ物は何ですか。

제일 _____ 음식이 뭐예요?

② 歌を歌うのが趣味です。

노래를 _____ 것이 취미예요.

③ そのお店の閉店(ドアを閉める)時間は何時ですか。

그 가게 문을 _____ 시간이 몇 시예요?

④ よく会う友だちです。

자주 _____ 친구예요.

16-3. 活用形I-는(2) ― 〜い…, 〜している…

〜い… 〜している…	活用形I-는

　存在詞を**非過去連体形**にするには, 活用形Iに-는を付けます。存在詞には있다(ある, いる), 없다(ない, いない)があります。맛있다(おいしい), 재미없다(つまらない), 빠져 있다(はまっている)など있다と없다が含まれていれば全て同じように活用します。

⑴ 인기가 없는 영화　　人気がない映画

⑵ 맛있는 김치　　おいしいキムチ

⑶ 요즘 빠져 있는 것　　最近はまっていること

練習 **3** 次の文を韓国語で書いて発音してみましょう。

16-4
109

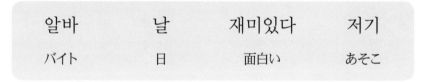

알바	날	재미있다	저기
バイト	日	面白い	あそこ

① 最近, 人気がある歌です。

② バイトがない日に行きましょう。

③ 面白い映画がありますか。

④ あそこに座っている人です。

まとめ

16-5
110

1. 次の文を日本語に訳してみましょう。

① 학생이 앉아 있어요.

② 문이 열려 있어요.

③ 알바가 없는 날이에요?

④ 사진을 찍는 것이 취미예요.

⑤ 인기가 있는 드라마예요?

16-6
111

2. 次の文を韓国語に訳してみましょう。

① 最近, K-POPにはまっています。

② ホームページに出ていますか。

③ いちばん好きな食べ物は寿司です。(寿司 초밥)

④ 韓国語を学んでいる学生もいます。

⑤ おいしい食べ物が多いです。

16-7
112

3. 次の質問に韓国語で答えてみましょう。

① 요즘 뭐에 빠져 있어요? (最近, 何にはまっていますか。)

② 좋아하는 연예인이 누구예요? (好きな芸能人は誰ですか。)

이 지갑도 한국에서 산 거예요?

―教室で―

후쿠다: 이 필통 예쁘네요. 어디에서 샀어요?

이지연: 한국에서 산 거예요.

후쿠다: 그럼 이 지갑도 한국에서 산 거예요?

이지연: 아뇨, 그건 선물 받은 거예요.

후쿠다: 누구한테 선물 받았어요?

이지연: 한국에 있는 남동생한테 받았어요.

日本語訳

福田	： このペンケース, かわいいですね。どこで買ったんですか。
イ・ジヨン	： 韓国で買ったものです。
福田	： じゃあ, この財布も韓国で買ったものですか。
イ・ジヨン	： いいえ, それはプレゼントでもらったものです。
福田	： 誰にプレゼントしてもらったんですか。
イ・ジヨン	： 韓国にいる弟にもらいました。

 ## 語句・表現

필통 : ペンケース	예쁘다 : かわいい, きれいだ
-ㄴ : 〜した…	거 : もの, こと
지갑 : 財布	그건 : それは
선물 : プレゼント, おみやげ	받다 : もらう
누구 : 誰	-한테 : 〜に
남동생 : 弟	

 ## 発音

샀어요 → /사써요/	한국에서 → /한구게서/
지갑도 → /지갑또/	받은 → /바든/
받았어요 → /바다써요/	한국에 → /한구게/
있는 → /인는/	

17-1. 活用形Ⅱ-ㄴ(1) — ～した…

～した…	活用形Ⅱ-ㄴ

動詞を**過去連体形**にするには, 活用形Ⅱに -ㄴを付けます。

⑴ 어제 만난 사람　　昨日会った人

⑵ 지난주에 산 치마　先週買ったスカート

⑶ 생일에 받은 선물　誕生日にもらったプレゼント

練習 1　日本語に合うように空欄を埋めて文を発音してみましょう。

찍다	끝나다	시키다	먹다
撮る	終わる	注文する	食べる

① 私が撮った写真です。

　　제가 _____ 사진이에요.

② 授業が終わった後にしますね。

　　수업이 _____ 후에 할게요.

③ これ, 誰が注文したものですか。

　　이거 누가 _____ 거예요?

④ 朝ご飯を食べた後に行きました。

　　아침을 _____ 후에 갔어요.

17-2. -한테 ― 〜に

　人や動物の後に付く「〜に」にあたる助詞で，使い方も日本語の「〜に」とほぼ同じです。

(人や動物など)〜に	
子音/母音終わりの体言 -한테	누나한테 姉に 동생한테 弟/妹に

練習 2 次の語に-한테を付けて発音してみましょう。

① 오빠 (妹から見て)兄		② 형 (弟から見て)兄	
③ 선생님 先生		④ 남자 친구 彼氏	
⑤ 할아버지 おじいさん		⑥ 할머니 おばあさん	
⑦ 개 犬		⑧ 고양이 猫	

17-3. 누구 — 誰

誰(の)	누구

　「誰」「誰の」という場合は누구と言います。「誰が」という場合は누가になるので注意しましょう。

⑴ 저 사람은 누구예요?　　あの人は誰ですか。

⑵ 그거 누구 가방이에요?　それ誰のカバンですか。

⑶ 누가 같이 가요?　　　　誰が一緒に行きますか。

練習 3　次の文を韓国語で書いて発音してみましょう。

17-4
116

이야기하다	여자	주다
話す	女の人	くれる

① 誰に話しましたか。

② それ誰の写真ですか。

③ あの女の人は誰ですか。

④ これ誰がくれたんですか。

まとめ

17-5
117

1. 次の文を日本語に訳してみましょう。

① 한국에서 산 가방이에요.

② 수업이 끝난 후에 어디에 가요?

③ 남자 친구한테 선물 받았어요.

④ 누구 필통이에요?

⑤ 누가 시켰어요?

17-6
118

2. 次の文を韓国語に訳してみましょう。

① 兄が撮った写真です。

② 昨日買ったスカートです。

③ 弟にプレゼントをあげました。(주다 あげる)

④ これ, 友だちにもらいました。

⑤ あの男の人は誰ですか。(男の人 남자)

17-7
119

3. 次の質問に韓国語で答えてみましょう。

① 그 옷은 어디서 산 거예요? (その服はどこで買ったものですか。)

② 생일 선물을 누구한테 받았어요?
(誕生日プレゼントを誰にもらいましたか。)

18 좀 큰 것 같아요.

―ショッピングモールで―

이지연: 저기요. 저 바지 좀 보여 주세요.

점　원: 네. 여기요. 한번 입어 보세요.

이지연: 좀 큰 것 같아요. 작은 건 없어요?

점　원: 여기 있어요. 디자인도 예쁘죠?

이지연: 네. 음, 근데 다른 색깔도 있어요?

점　원: 네, 이게 요즘 인기가 많은 색깔이에요.

日本語訳

イ・ジヨン	: すみません。あのズボン, ちょっと見せてください。
店員	: はい。どうぞ。一度はいてみてください。
イ・ジヨン	: ちょっと大きいみたいです。小さいのはありませんか。
店員	: こちらです。デザインもかわいいでしょう。
イ・ジヨン	: はい。う〜ん, ところで, ほかの色もありますか。
店員	: はい, これが最近人気のある色です。

 語句・表現

저기요 : すみません	저 : あの
바지 : ズボン	여기 : ここ
입다 : 着る, はく	크다 : 大きい
-ㄴ 것 같다 : 〜みたいだ	작다 : 小さい
-ㄴ : 〜い…	건(←것은) : のは, ものは
디자인 : デザイン	다른 : ほかの
색깔 : 色	이게 : これが

 発音

입어 → /이버/	큰 것 같아요 → /큰걷까타요/
작은 → /자근/	없어요 → /업써요/
있어요 → /이써요/	인기 → /인끼/
많은 → /마는/	색깔이에요 → /색까리에요/

🔍 この課のポイント！！

18-1. 活用形Ⅱ-ㄴ (2) ― ～な…, ～い…

～な…	活用形Ⅱ-ㄴ
～い…	

　形容詞を**非過去連体形**にするには, 活用形Ⅱに-ㄴを付けます。活用形Ⅰ-고 싶다(～たい, 14-1)の싶다も形容詞です。

(1) 아주 **유명한** 사람　　とても有名な人

(2) **같은** 이름　　　　　同じ名前

(3) 보고 **싶은** 영화　　　見たい映画

練習 1 日本語に合うように空欄を埋めて文を発音してみましょう。

18-2
121

크다	좋다	먹다	아프다
大きい	よい	食べる	痛い

① もっと大きいサイズもありますか。

　더 ＿＿＿＿ 사이즈도 있어요?

② 本当にいいお店です。

　정말 ＿＿＿＿ 가게예요.

③ 食べたいものありますか。

　＿＿＿＿＿＿ 거 있어요?

④ 私も痛いのは嫌です。

　저도 ＿＿＿＿ 건 싫어요.

112 • 新みんなの韓国語2

18-2. 活用形II-ㄴ(3) ― 〜の…, 〜ではない…

〜の…	活用形II-ㄴ
〜ではない…	

指定詞を非過去連体形にするには，活用形IIに-ㄴを付けます。指定詞は-이다(〜だ)，아니다(〜ではない)の2つです。-이다は학생이에요(学生です)の-이에요の基本形で，아니다は학생이 아니에요(学生ではありません)の아니에요の基本形です。

⑴ 고등학생인 여동생　　高校生の/である妹

⑵ 고기가 아닌 것　　肉ではないもの

⑶ 십이 아닌 숫자　　10ではない数字

18-3
122

練習 2 ▶ 日本語に合うように空欄を埋めて文を発音してみましょう。

회사원	돼지고기	학생
会社員	豚肉	学生

① 会社員の友だちがたくさんいます。

＿＿＿＿＿＿＿ 친구가 많이 있어요.

② 私は豚肉じゃないものがいいです。

저는 ＿＿＿＿＿＿＿ 게 좋아요.

③ 学生ではない人は何人ですか。

＿＿＿＿＿＿＿ 사람은 몇 명이에요?

18-3. 活用形Ⅱ-ㄴ 것 같다 ─ ～みたいだ

～みたいだ	活用形Ⅱ-ㄴ 것 같다

　活用形Ⅱ-ㄴ 것 같다は形容詞と指定詞に付いて,「～みたいだ」のような非過去の出来事の推量を表します。

⑴ 주말에는 사람이 많은 것 같아요.　　週末には人が多いみたいです。

⑵ 운동이 취미인 것 같아요.　　運動が趣味みたいです。

⑶ 일본 사람이 아닌 것 같네요.　　日本人じゃないみたいですね。

練習 3 ▶ 日本語に合うように空欄を埋めて文を発音してみましょう。

18-4
123

싸다	남자 친구	겨울
安い	彼氏	冬

① 思ったより安いみたいです。

　　생각보다 ＿＿＿＿＿＿＿＿＿＿＿.

② 私にはちょっと小さいみたいです。

　　저한테는 좀 ＿＿＿＿＿＿＿＿＿＿＿.

③ その人が彼氏みたいです。

　　그 사람이 ＿＿＿＿＿＿＿＿＿＿＿.

④ 最近, 暖かくて冬じゃないみたいです。

　　요즘 따뜻해서 ＿＿＿＿＿＿＿＿＿＿＿.

まとめ

1. 次の文を日本語に訳してみましょう。

① 예쁜 디자인이네요.

② 아주 유명한 사람을 봤어요.

③ 운동이 취미인 사람이 많아요.

④ 여기는 한국이 아닌 것 같아요.

⑤ 고등학생이 많은 것 같았어요.

2. 次の文を韓国語に訳してみましょう。

① 本当にいい人です。

② もっと小さいサイズもありますか。

③ 高校生の弟がいます。(弟 남동생)

④ 会社員ではない人もいました。

⑤ 日本人じゃないみたいです。

3. 次の質問に韓国語で答えてみましょう。

① 지금 먹고 싶은 거 있어요? (今, 食べたいものがありますか。)

② 이게 무엇인 것 같아요? (これは何みたいですか。)

—図書館で—

이지연 : **이번 주말에 뭐 할 거예요?**

후쿠다 : **저는 알바할 거예요. 지연 씨는요?**

이지연 : **친구하고 하코네에 갈 예정이에요.**

후쿠다 : **온천에도 갈 거예요?**

이지연 : **그럼요. 미술관에도 가 볼 생각이에요.**

후쿠다 : **요즘은 날씨가 좋으니까 후지산도**

보일 거예요.

日本語訳

イ・ジヨン	:	今度の週末に何しますか。
福田	:	私はバイトします。チヨンさんは?
イ・ジヨン	:	友だちと箱根に行く予定です。
福田	:	温泉にも行くんですか。
イ・ジヨン	:	もちろんです。美術館にも行ってみるつもりです。
福田	:	最近は天気がいいから, 富士山も見えるでしょう。

 ## 語句・表現

이번 : 今度, 今回　　　　　　주말 : 週末

-ㄹ 것이다 : 〜つもりだ　　예정 : 予定

온천 : 温泉　　　　　　　　그럼요 : もちろんです

미술관 : 美術館　　　　　　-ㄹ : 〜する…

생각 : 考え, つもり　　　　날씨 : 天気, 気候

보이다 : 見える

 ## 発音

주말에 → /주마레/　　　　　　할 거예요 → /할꺼예요/

알바할 거예요 → /알바할꺼예요/　지연 씨는요 → /지연씨는뇨/

온천에도 → /온처네도/　　　　갈 거예요 → /갈꺼예요/

그럼요 → /그럼뇨/　　　　　　미술관에도 → /미술과네도/

가 볼 생각이에요 → /가볼쌩가기에요/

요즘은 → /요즈믄/　　　　　　좋으니까 → /조으니까/

보일 거예요 → /보일꺼예요/

この課のポイント！！

19-1. 活用形Ⅱ-ㄹ ― 〜する…, 〜だろう…

〜する… 〜だろう…	活用形Ⅱ-ㄹ

　「何をするつもり」「旅行に行く予定」「もっと安いはず」のように用言を**意志・推量連体形**にするには, 活用形Ⅱに-ㄹを付けます。また, 後に来る名詞が때(とき)の場合は過去・現在・未来に関係なく活用形Ⅱ-ㄹをよく使います。

⑴ 여름 방학 때 뭐 할 생각이에요?　　夏休みに何するつもりですか。

⑵ 여행을 갈 예정이에요.　　　　　　旅行に行く予定です。

⑶ 사람이 많을 때는 싫어요.　　　　　人が多いときは嫌です。

⑷ 한국에 갔을 때 만났어요.　　　　　韓国に行ったとき会いました。

練習 1 ▶ 日本語に合うように空欄を埋めて文を発音してみましょう。

있다	늦다
いる	遅れる

① 週末にはショッピングをするつもりです。

　　주말에는 쇼핑을 ＿＿＿＿＿＿＿ 생각이에요.

② 日曜日までいる予定です。

　　일요일까지 ＿＿＿＿＿＿＿ 예정이에요.

③ 約束時間に遅れるときは連絡ください。

　　약속 시간에 ＿＿＿＿＿＿＿ 연락 주세요.

④ 先週会ったとき教えてくれました。

　　지난주에 ＿＿＿＿＿＿＿ 가르쳐 줬어요.

19-2. 活用形Ⅱ-ㄹ 것이다 — 〜つもりだ, 〜と思う

〜つもりだ, 〜と思う	活用形Ⅱ-ㄹ 것이다

活用形Ⅱ-ㄹ 것이다は「留学するつもりです」「友だちも行くと思います」「来週は忙しいと思います」のように意志や推量を表すときに使います。過去形に付けることもできます。

⑴ 후쿠다 씨도 같이 **갈 거예요**?　福田さんも一緒に行くつもりですか。

⑵ 다음 주는 **바쁠 거예요**.　　来週は忙しいと思います。

⑶ 수업은 벌써 **끝났을 거예요**.　授業はもう終わったと思います。

19-3
129

練習 2　日本語に合うように空欄を埋めて文を発音してみましょう。

시키다	먹다	괜찮다	시작하다
注文する	食べる	大丈夫だ	始まる

① チヨンさんは何を注文するつもりですか。

지연 씨는 뭐 _____?

② 私は冷麺を食べるつもりです。

저는 냉면을 _____.

③ 全部大丈夫だと思いますよ。がんばってください。

다 _____. 힘내세요.

④ もう始まったと思いますよ。

벌써 _____.

19-3. -요 ― ～です

～です	体言など -요

　-요は1,2単語や1フレーズだけを言うとき, それを丁寧にするために付けます。疑問文は「?」を付け, イントネーションを上げて発音します。

⑴ 네? 다시 한번요.　　　え?もう一度(お願いします)。

⑵ 우리 학교에서요.　　　うちの学校でです。

⑶ 왜요?　　　どうしてですか。

⑷ 정말요?　　　本当ですか。

練習 3 ▶ 次の語に-요, -요?を付けて発音してみましょう。

19-4
130

① 지금 今

② 여기 ここ

③ 두 명 2人

④ 엄마가 お母さんが

⑤ 여자 친구하고 彼女と

⑥ 내일은 明日は

まとめ

19-5
131

1. 次の文を日本語に訳してみましょう。

① 일요일에 미술관에 갈 생각이에요.

② 한국에 올 때는 연락 주세요.

③ 온천에도 갈 거예요?

④ 다음 주부터 시작할 거예요.

⑤ 정말요?

19-6
132

2. 次の文を韓国語に訳してみましょう。

① 週末に何するつもりですか。

② 韓国に行ったとき食べました。

③ 大丈夫だと思います。

④ 天気がよいと思います。

⑤ もう一度(お願いします)。

19-7
133

3. 次の質問に韓国語で答えてみましょう。

① 방학 때 뭐 할 예정이에요? (長期休暇のとき, 何する予定ですか。)

② 이번 주말에 뭐 할 거예요? (今度の週末に何しますか。)

20 지하철 3호선을 타면 돼요.

20-1
134

―韓国の地下鉄構内で―

후쿠다：저기요. 경복궁에는 어떻게 가요?

통행인：지하철 3^삼호선을 타면 돼요.

　　　경복궁역에서 내리세요.

후쿠다：경복궁역에서 내리면 금방이에요?

통행인：네, 얼마 안 걸려요.

후쿠다：몇 번 출구예요?

통행인：5^오번 출구요. 나가면 매표소가 있어요.

日本語訳

福田	：	すみません。景福宮にはどうやって行くんですか。
通行人	：	地下鉄3号線に乗ればいいです。景福宮駅で降りてください。
福田	：	景福宮駅で降りたらすぐですか。
通行人	：	ええ, いくらもかかりません。
福田	：	何番出口ですか。
通行人	：	5番出口です。出たら切符売り場があります。

 語句・表現

경복궁 : 景福宮	어떻게 : どのように
지하철 : 地下鉄	호선 : 号線
타다 : 乗る	-면 되다 : 〜ればよい
역 : 駅	내리다 : 降りる
-면 : 〜たら	금방 : すぐ
얼마 : いくらも	걸리다 : かかる
번 : 番	출구 : 出口
매표소 : 切符売り場	

 発音

경복궁에 → /경복꿍에/	어떻게 → /어떠케/
삼 호선을 → /사모서늘/	경복궁역에서 → /경복꿍녀게서/
몇 번 → /면뻔/	있어요 → /이써요/

20-1. 活用形Ⅱ-면 ── 〜たら, 〜れば

〜たら, 〜れば	活用形Ⅱ-면

活用形Ⅱ-면は「〜たら」「〜れば」「〜なら」「〜と」のように仮定を表します。

⑴ 바쁘면 저녁에 하세요.　　　　　忙しければ夕方にやってください。

⑵ 친구가 안 가면 저도 안 가요.　友だちが行かなければ私も行きません。

⑶ 시간이 없으면 내일 하죠.　　　時間がなかったら明日しましょう。

⑷ 주말이면 괜찮아요.　　　　　　週末なら大丈夫です。

20-2

135

練習 1 ▶ 次の語をⅡ-면の形に変えて発音してみましょう。

基本形	Ⅱ-면	基本形	Ⅱ-면
① 보다 見る		② 모르다 分からない	
③ 좋다 いい		④ 많다 多い	
⑤ 맛있다 おいしい		⑥ 재미없다 つまらない	
⑦ 대학생이다 大学生だ		⑧ 학생이 아니다 学生ではない	

20-2. 活用形Ⅱ-면 되다 — 〜ればいい

〜ればいい	活用形Ⅱ-면 되다

　活用形Ⅱ-면の後に되다を続けると「〜ればいい」「〜ならいい」のような条件を表す表現になります。

⑴ 여기에 넣으면 돼요?　ここに入れればいいですか。

⑵ 천천히 말하면 돼요.　ゆっくり言えばいいです。

練習 2 ▶ 次の文を韓国語で書いて発音してみましょう。

20-3
136

기다리다	버스	읽다
待つ	バス	読む

① ここで待てばいいですか。

② 明日行けばいいです。

③ 駅からバスに乗ればいいですか。

④ ゆっくり読めばいいです。

💡 助詞の使い方に注意！

「〜に乗る」は -을/를 타다, 「〜に会う」は -을/를 만나다と言います。

역에서 택시를 **타세요**.　駅からタクシーに乗ってください。

오랜만에 형을 **만났어요**.　久しぶりに兄に会いました。

20-3. 어떻게 — どのように, どうやって

どのように どうやって	어떻게

⑴ 이거 어떻게 먹어요?　　　　　これどうやって食べるんですか。

⑵ 거기까지 어떻게 가면 돼요?　そこまでどのように行けばいいですか

⑶ 어떻게 했어요?　　　　　　　どのようにしましたか。

⑷ 어떻게 오셨어요?　　　　　　どんなご用件ですか。

練習 3　次の文を韓国語で書いて発音してみましょう。

20-4
137

알다	찍다
知る	撮る

① どうやって知ったんですか。

② どうやって食べればいいですか。

③ 友だちにどのように言ったんですか。

④ これどうやって撮るんですか。

まとめ

20-5
138

1. 次の文を日本語に訳してみましょう。

① 보면 알아요.

② 바쁘면 주말에 만나요.

③ 내일 하면 돼요?

④ 천천히 읽으면 돼요.

⑤ 어떻게 오셨어요?

20-6
139

2. 次の文を韓国語に訳してみましょう。

① 分からなかったら, 私にきいてください。(きく 물어보다)

② 週末なら大丈夫です。

③ どのバスに乗ればいいですか。(どの 어느)

④ ここで降りればいいです。

⑤ 駅までどうやって行きますか。

20-7
140

3. 次の質問に韓国語で答えてみましょう。

① 복권에 당첨되면 뭐 하고 싶어요? (宝くじが当たったら何したいですか。)

② 한국어 공부는 어떻게 해요? (韓国語の勉強はどうやってしていますか。)

21 반찬은 젓가락으로 먹어도 되죠?

―図書館で―

이지연: 한국에서는 젓가락으로 밥을 먹으면

안 돼요.

후쿠다: 정말요? 몰랐어요.

이지연: 밥도 국도 숟가락으로 먹어요.

후쿠다: 반찬은 젓가락으로 먹어도 되죠?

이지연: 네. 근데 그릇을 들고 먹으면 안 돼요.

후쿠다: 제가 아직 모르는 게 많네요.

日本語訳

イ・ジヨン	：	韓国では箸でご飯を食べちゃダメですよ。
福田	：	本当ですか。知りませんでした。
イ・ジヨン	：	ご飯もスープもスプーンで食べます。
福田	：	おかずは箸で食べてもいいでしょう。
イ・ジヨン	：	ええ。でも, 器を持ち上げて食べてはいけません。
福田	：	私がまだ知らないことが多いですね。

 語句・表現

젓가락 : 箸

-면 안 되다 : 〜てはいけない

국 : スープ

반찬 : おかず

그릇 : 器

모르다 : 知らない, 分からない

밥 : ご飯

몰랐어요 : 知りませんでした

숟가락 : スプーン

-도 되다 : 〜てもいい

들다 : 持ち上げる

게 : ことが, ものが

 発音

한국에서는 → /한구게서는/

밥을 → /바블/

정말요 → /정말료/

밥도 → /밥또/

숟가락으로 → /숟까라그로/

반찬은 → /반차는/

그릇을 → /그르슬/

많네요 → /만네요/

젓가락으로 → /전까라그로/

먹으면 → /머그면/

몰랐어요 → /몰라써요/

국도 → /국또/

먹어요 → /머거요/

먹어도 → /머거도/

아직 모르는 → /아징모르는/

この課のポイント!!

21-1. 活用形Ⅲ-도 ─ ～も

～も	活用形Ⅲ-도

⑴ 비가 와도 갈 거예요.　　雨が降っても行くつもりです。

⑵ 조금 비싸도 괜찮아요?　少し高くても大丈夫ですか。

21-2
142

練習 1 ▶ 次の語をⅢ-도の形に変えて発音してみましょう。

基本形	Ⅲ-도	基本形	Ⅲ-도
① 마시다 飲む		② 먹다 食べる	
③ 멀다 遠い		④ 많다 多い	
⑤ 없다 ない, いない		⑥ 보다 見る	
⑦ 작다 小さい		⑧ 배우다 習う	

21-2. 活用形Ⅲ-도 되다 ― 〜てもいい

〜もいい	活用形Ⅲ-**도 되다**

活用形Ⅲ-도の後に되다を続けると「〜てもいい」のような許可を表す表現になります。

⑴ 제가 같이 가도 돼요?　私が一緒に行ってもいいですか。

⑵ 이거 입어 봐도 돼요?　これ着てみてもいいですか。

21-3
143

練習 **2**　次の文を韓国語で書いて発音してみましょう。

사진	찍다	여기	기다리다
写真	撮る	ここ	待つ

① 写真撮ってもいいですか。

② これ飲んでもいいですか。

③ 少し小さくてもいいです。

④ ここで待ってもいいですか。

21-3. 活用形Ⅱ-면 안 되다 — ～てはいけない

～てはいけない	活用形Ⅱ-면 안 되다

20-2で学んだ活用形Ⅱ-면 되다(～ればいい, ～ならいい)の되다の前に안を入れると「～てはいけない」「～たらだめだ」のような表現になります。

⑴ 아직 먹으면 안 돼요.　　　　　　　まだ食べてはいけません。

⑵ 다른 사람한테 말하면 안 돼요?　他の人に言ったらだめですか。

練習 3 ▶ 次の文を韓国語で書いて発音してみましょう。

많이	운전면허	시간	늦다
たくさん	運転免許	時間	遅れる

① 私が一緒に行ったらだめですか。

② たくさん飲んではいけません。

③ 運転免許がないとだめですか。

④ 時間に遅れてはいけません。

まとめ

21-5
145

1. 次の文を日本語に訳してみましょう。

　① 조금 멀어도 괜찮아요?

　② 이거 봐도 돼요?

　③ 운전면허가 없어도 돼요.

　④ 많이 마시면 안 돼요.

　⑤ 이건 모르면 안 돼요.

21-6
146

2. 次の文を韓国語に訳してみましょう。

　① 少し高くても買いますか。(買う 사다)

　② 私も一緒に行ってもいいですか。

　③ ここで写真を撮ってもいいですか。

　④ 他の人に言ってはいけません。

　⑤ 器を持ち上げて食べてはいけません。

21-7
147

3. 次の質問に韓国語で答えてみましょう。

　① 미술관에서 사진을 찍어도 돼요?
　　(美術館で写真を撮ってもいいですか。)

　② 수업 중에 뭘 하면 안 돼요? (授業中に何をしてはいけませんか。)

22 오늘 같이 영화라도 보러 갈까요?

22-1
148

―大学の廊下で―

후쿠다 : 오늘 같이 영화라도 보러 갈까요?

이지연 : 좋아요. 무슨 영화 보고 싶어요?

후쿠다 : 글쎄요. 한국 영화는 어때요?

이지연 : 좋네요. 그럼 영화 보고 저녁도 먹어요.

후쿠다 : 저녁 먹고 오랜만에 노래방에도 갈까요?

이지연 : 네, 그래요.

　　　　노래를 부르면서 스트레스도 풀어요.

日本語訳

福田	：	今日, 一緒に映画でも見に行きましょうか。
イ・ジヨン	：	いいですよ。何の映画, 見たいですか。
福田	：	そうですね。韓国映画はどうですか。
イ・ジヨン	：	いいですね。じゃあ, 映画見て夕食も食べましょう。
福田	：	夕食を食べて, 久しぶりにカラオケにも行きましょうか。
イ・ジヨン	：	ええ, そうしましょう。歌を歌ってストレスも解消しましょう。

語句・表現

오늘 : 今日	영화 : 映画
-라도 : 〜でも	글쎄요 : さあ, そうですね
어때요 : どうですか	저녁 : 夕食
오랜만 : 久しぶり	노래방 : カラオケ
그래요 : そうしましょう	노래 : 歌
부르다 : 歌う	-면서 : 〜ながら
스트레스 : ストレス	풀다 : 解く, 解消する

発音

같이 → /가치/	좋아요 → /조아요/
싫어요 → /시퍼요/	한국 영화 → /한궁녕화/
좋네요 → /존네요/	저녁도 → /저녁또/
먹어요 → /머거요/	저녁 먹고 → /저녕먹꼬/
오랜만에 → /오랜마네/	풀어요 → /푸러요/

この課のポイント！！

22-1. 活用形II-ㄹ까요? ― ～でしょうか, ～ましょうか

～でしょうか ～ましょうか	活用形II-ㄹ까요?

　活用形II-ㄹ까요?は「～でしょうか」「～ましょうか」のように相手の意見を尋ねるときに使います。過去形にも付けることができます。

⑴ 언제 놀러 갈까요?　　いつ遊びに行きましょうか。

⑵ 조금 작을까요?　　少し小さいでしょうか。

⑶ 벌써 끝났을까요?　　もう終わったでしょうか。

22-2
149

練習 1 ▶ 次の語をII-ㄹ까요?の形に変えて発音してみましょう。

基本形	II-ㄹ까요?	基本形	II-ㄹ까요?
① 마시다 飲む		② 먹다 食べる	
③ 시키다 注文する		④ 안 되다 だめだ	
⑤ 맛있다 おいしい		⑥ 기다리다 待つ	
⑦ 재미없다 つまらない		⑧ 주다 あげる, くれる	

22-2. -이라도/라도 ― 〜でも

例を提示するときに使われる「〜でも」にあたる助詞で, 使い方も日本語の「〜でも」とほぼ同じです。

〜でも	
子音終わりの体言 -이라도	꽃이라도 花でも
母音終わりの体言 -라도	커피라도 コーヒーでも

練習 2 次の語に-이라도/라도を付けて発音してみましょう。

22-3
150

① 식사 食事		② 쇼핑 ショッピング	
③ 술 お酒		④ 고기 肉	
⑤ 조금 少し		⑥ 점심 昼ご飯	
⑦ 선물 プレゼント		⑧ 저녁 夕ご飯	

22-3. 活用形Ⅱ-면서 — 〜ながら

〜ながら	活用形Ⅱ-면서

活用形Ⅱ-면서は「〜ながら」「〜つつ」のように同時を表します。

(1) 식사하면서 이야기해요.　　食事しながら話しましょう。

(2) 드라마를 보면서 배웠어요.　ドラマを見ながら学びました。

(3) 책을 읽으면서 생각했어요.　本を読みながら考えました。

練習 3 次の語をⅡ-면서の形に変えて発音してみましょう。

22-4
151

基本形	Ⅱ-면서	基本形	Ⅱ-면서
① 오다 来る		② 먹다 食べる	
③ 쓰다 書く, 使う		④ 마시다 飲む	
⑤ 다니다 通う		⑥ 찾다 探す	
⑦ 웃다 笑う		⑧ 나가다 出ていく	

まとめ

22-5
152

1. 次の文を日本語に訳してみましょう。

　① 식사하러 갈까요?

　② 같이 기다릴까요?

　③ 점심이라도 먹을까요?

　④ 드라마를 보면서 웃었어요.

　⑤ 술을 마시면서 이야기했어요.

22-6
153

2. 次の文を韓国語に訳してみましょう。

　① 肉をもっと注文しましょうか。(もっと 더)

　② これ, 本当においしいでしょうか。(本当に 정말)

　③ コーヒーでも飲みましょうか。

　④ 食事しながらドラマを見ました。

　⑤ 歌を歌いながら踊りを踊ります。(踊りを踊る 춤을 추다)

22-7
154

3. 次の質問に韓国語で答えてみましょう。

　① 한가할 때 뭘 하면서 시간을 보내요?
　　(暇なとき何をしながら時間を送りますか。)

　② 한국어를 배우면서 뭐가 어려웠어요?
　　(韓国語を学びながら何が難しかったですか。)

付録

❶ 発音規則

(1) 終声の中和(i)

　表記のレベルではさまざまな終声字母(パッチム)がありますが, 発音のレベルでは7つの音に集約されます。

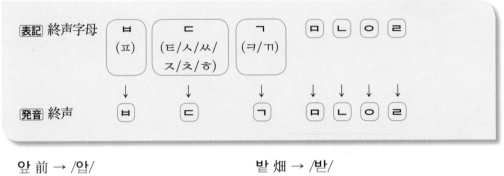

앞 前 → /압/

빗 くし → /빋/

낮 昼 → /낟/

부엌 台所 → /부억/

밭 畑 → /받/

있다 ある, いる → /읻따/

꽃 花 → /꼳/

낚시 釣り → /낙씨/

(2) 終声の中和(ii) − 二重パッチム

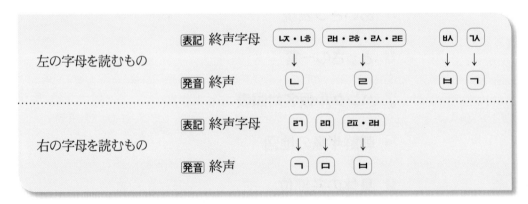

⏱ ㄼは, ほとんどの場合ㄹを発音し, 밟다(踏む)や넓적하다(平べったい)などごく一部の単語のみㅂを発音します。

앉다 座る → /안따/

여덟 八つ → /여덜/

많다 多い → /만타/

싫다 嫌いだ → /실타/

외곬 一筋 → /외골/

값 値段 → /갑/

닭 鶏 → /닥/

읊다 詠む → /읍따/

핥다 なめる → /할따/

몫 分け前 → /목/

삶 生 → /삼/

밟다 踏む → /밥따/

(3) 連音化

終声字母(パッチム)の後に初声字母ㅇが続くとき(ただし(4)終声の初声化と(10)ㄴ添加の場合を除く), 終声字母の子音が初声の位置に移動します。なお, 二重パッチムの場合には, 右のパッチムが初声の位置に移動します。

表記 終声字母 ㅂ ㅍ ㄷ ㅌ ㅅ ㅆ ㅈ ㅊ ㄱ ㅋ ㄲ ㅁ ㄴ ㅇ ㄹ ＋初声字母 ㅇ
↓ ↓ ↓ ↓ ↓ ↓ ↓ ↓ ↓ ↓ ↓ ↓ ↓ ↓ ↓
発音 初声 ㅂ ㅍ ㄷ ㅌ ㅅ ㅆ ㅈ ㅊ ㄱ ㅋ ㄲ ㅁ ㄴ ㅇ ㄹ

밥을 ご飯を → /바블/

깊어요 深いです → /기퍼요/

받아요 もらいます → /바다요/

맡아요 引き受けます → /마타요/

빗으로 くしで → /비스로/

있어요 あります, います → /이써요/

낮에 昼に → /나제/

꽃이 花が → /꼬치/

한국은 韓国は → /한구근/

부엌에서 台所で → /부어케서/

밖에서 外から → /바께서/

힘으로 力で → /히므로/

손이 手が → /소니/

발이 足が → /바리/

밝아요 明るいです → /발가요/

終声字母ㅇの場合には, 連音化現象をハングルで表すことができないため, 発音記号を使って示しておきます。つまり, ㅇの発音ŋが初声となり, 日本語のガ行鼻濁音のようになります。

나중에 後で nadʑuŋ/e →nadʑu/ŋe

⑷ 終声の初声化

　子音で終わる語の後に母音で始まる体言や用言などが続くとき, 終声字母(パッチム)の発音そのものでなく, ⑴・⑵の規則が適用された終声が後の語の初声の位置に移行します。

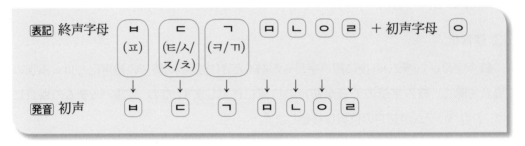

무릎 膝 + 위 上 → 무릎 위 膝の上 → /무릅/ + /위/ → /무르뷔/

첫 初 + 인상 印象 → 첫인상 第一印象 → /첟/ + /인상/ → /처딘상/

부엌 台所 + 안 中 → 부엌 안 台所の中 → /부억/ + /안/ → /부어간/

⑸ 濃音化

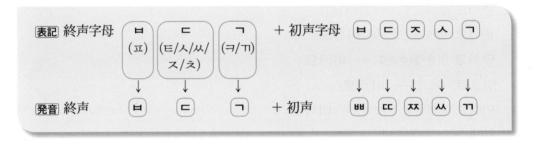

これは自然に起きる発音変化なので, 特に意識する必要はありません。

국밥 クッパ → /국빱/　　　　　깍두기 カクテキ → /깍뚜기/

학교 学校 → /학꾜/　　　　　학생 学生, 生徒 → /학쌩/

잡지 雑誌 → /잡찌/

⑹ 閉鎖音の鼻音化

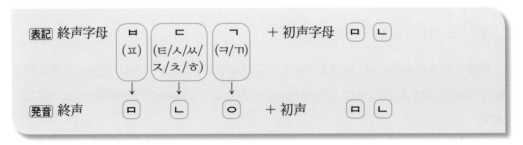

입문 入門 → /임문/

거짓말 嘘 → /거진말/

한국말 韓国語 → /한궁말/

앞날 将来, 未来 → /암날/

첫날 初日 → /천날/

학년 学年 → /항년/

(7) ㅎの弱化

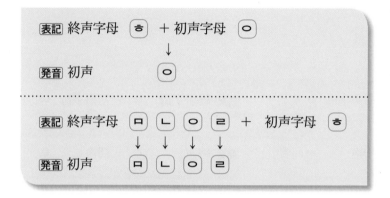

좋아요 いいです → /조아요/

다음 해 翌年 → /다으매/

조용히 静かに → /조용이/

넣어요 入れます → /너어요/

전화 電話 → /저놔/

결혼 結婚 → /겨론/

(8) 激音化

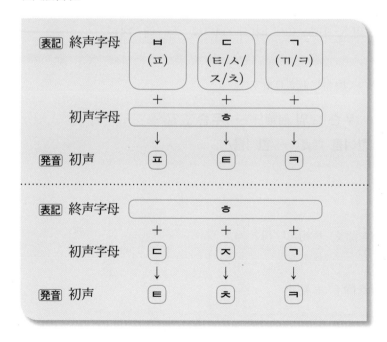

입학 入学 → /이팍/   몇 해 何年間 → /며태/

육회 ユッケ → /유쾨/   좋다 いい → /조타/

좋지 いいよ → /조치/   좋고 よくて → /조코/

ただし, 終声字母スの後に接辞히が続くときは, 次のようになります。

맞히다 当てる → /마치다/

(9) 流音化

원래 元来, もともと → /월래/   오늘날 今日 → /오늘랄/

(10) ㄴ添加

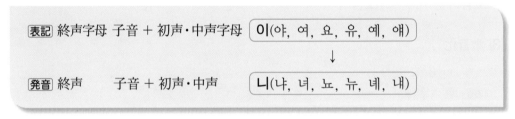

⏱ 単語と単語などが結びつく場合に起こります。

무슨 何 + 요일 曜日 → 무슨 요일 何曜日 → /무슨 뇨일/

한 真〜 + 여름 夏 → 한여름 真夏 → /한녀름/

(11) 流音の鼻音化

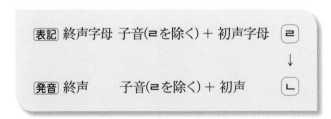

능력 能力 → /능녁/

심리 心理 → /심니/

ㄴの後では原則的に(9)の流音化が生じますが，複合語の境界では鼻音化が生じます。

생산량 生産量 → /생산냥/

(12) 口蓋音化

終声字母ㄷ・ㅌの後に助詞や接辞이・히が続く場合に起こります。

굳이 無理に，強いて → /구지/

같이 一緒に → /가치/

닫히다 閉まる → /다치다/

⒀ ㅖ の発音

ㅖはㅇ以外の子音字母と組み合わさるとㅔと発音します。

例：**시계** 時計 → /**시게**/ 　　**차례** 順番 → /**차레**/

⒁ 의の発音

의は実際には次の3通りに発音されます。

① 語頭で　　　　　　[ɯi]　例：**의외** [ɯiwe] 意外

② 語頭以外で　　　　[i]　　例：**예의** [jei] 礼儀

　ㅇ以外の子音と組み合わさったとき

　　　　　　　　　　[i]　　例：**희다** [hida] 白い

③「～の」の意味で　　[e]　　例：**아이의 우유** [aie uju] 子どもの牛乳

② 主な体言

(1) 疑問詞

何	무엇/뭐	그게 뭐예요?	それはなんですか。
何の, どんな	무슨	무슨 책이에요?	何の本ですか。
何〜	몇	몇 시부터예요?	何時からですか。
いくら	얼마	이게 얼마예요?	これいくらですか。
いつ	언제	생일이 언제예요?	誕生日はいつですか。
どこ	어디	집이 어디예요?	家はどこですか。
誰	누구	저 사람이 누구예요?	あの人は誰ですか。
どの	어느	어느 나라예요?	どの国ですか。
どんな	어떤	어떤 음식을 좋아해요?	どんな食べ物が好きですか。

⏱ 몇は番号や数量を尋ねるときの「何」に相当します。

⏱ 누구は「誰が」と言うときは누가という形になります。

(2) こそあど(指示詞)

この	その	あの	どの
이	그	저	어느

これ	それ	あれ	どれ
이것, 이거	그것, 그거	저것, 저거	어느 것, 어느 거

これが	それが	あれが	どれが
이것이, 이게	그것이, 그게	저것이, 저게	어느 것이, 어느 게

これは	それは	あれは
이것은, 이건	그것은, 그건	저것은, 저건

ここ	そこ	あそこ	どこ
여기	거기	저기	어디

こちら	そちら	あちら	どちら
이쪽	그쪽	저쪽	어느 쪽

⏱ 二つの形がある場合、話し言葉では右側の縮約形がよく使われます。

(3) 漢字語数詞

1	2	3	4	5	6	7	8	9	10
일	이	삼	사	오	육	칠	팔	구	십

百	千	万	億
백	천	만	억

⏱ 「0」は本来영ですが、電話番号などを伝えるときには普通공と言います。

⏱ 「6」の発音は語頭では/육/、母音や終声ㄹの後では/륙/、ㄹ以外の終声の後では/뉵/ です。

⏱ 「1万」を表すときには、일を付けず、単に만と言います。

漢字語数詞に付く助数詞

① 貨幣の単位 ― 원 ウォン, 엔 円

② 時間の単位 ― 년 年, 월 月, 일 日, 분 分

③ 本に関する単位 ― 과 課, 페이지/쪽 ページ

④ 学校に関する単位 ― 학년 年生, 학기 学期, 교시 時間目・時限

⑤ その他 ― 층 階, 번 番(順番・番号)

(4) 固有語数詞

1	2	3	4	5	6	7	8	9	10
하나	둘	셋	넷	다섯	여섯	일곱	여덟	아홉	열
한	두	세	네						

20	30	40	50	60	70	80	90
스물	서른	마흔	쉰	예순	일흔	여든	아흔
스무							

⏱ 直後に助数詞が続くとき, 1, 2, 3, 4, 20は下段の語形を使います。

固有語数詞に付く助数詞

① 時間の単位 ― 시 時, 시간 時間

② その他 ― 살 歳, 명/사람 人, 마리 匹・頭・羽, 개 個, 대 台,

　　　　　　권 冊, 장 枚, 잔 杯, 병 本, 번 度・回(回数)

(5) 年月日

年 (漢字語数詞) 년　　　　月 (漢字語数詞) 월　　　　日 (漢字語数詞) 일

　年月日はすべて漢字語数詞を使って表しますが、特に6月と10月の語形に注意しましょう。

1月	2月	3月	4月	5月	6月
일월	이월	삼월	사월	오월	**유월**

7月	8月	9月	10月	11月	12月
칠월	팔월	구월	**시월**	십일월	십이월

例　1988年9月17日　천구백팔십팔 년 구월 십칠 일

　　2010年11月21日　이천십 년 십일월 이십일 일

⑹ 曜日

月曜日	火曜日	水曜日	木曜日	金曜日	土曜日	日曜日	何曜日
월요일	화요일	수요일	목요일	금요일	토요일	일요일	무슨 요일

⑺ 日・週・月・年

おととい	昨日	今日	明日	あさって
그저께	어제	오늘	내일	모레

先週	今週	来週
지난주	이번 주	다음 주

先月	今月	来月
지난달	이번 달	다음 달

去年	今年	来年
작년	올해	내년

③ 用言の活用

(1) 用言の活用の一覧

基本形	語幹	活用形 I	活用形 II	活用形 III
動詞も形容詞もすべて-다で終わる。	基本形から-다を取る。	語幹と同じ。	語幹が母音で終わる場合は語幹のまま。語幹が子音で終わる場合は語幹に-으-を付ける。	語幹の最後の母音が ㅏ, ㅗ, ㅑ の場合は語幹の後に-아を付ける。語幹の最後の母音が上記以外の場合は語幹の後に-어を付ける。
오다(来る)	오-	오-	오-	와(←*오아)
가다(行く)	가-	가-	가-	가(←*가아)
보다(見る)	보-	보-	보-	봐(←보아)
내다(出す)	내-	내-	내-	내(←내어)
주다(与える)	주-	주-	주-	줘(←주어)
되다(なる)	되-	되-	되-	돼(←되어)
마시다(飲む)	마시-	마시-	마시-	마셔(←마시어)
먹다(食べる)	먹-	먹-	먹으-	먹어
좋다(よい)	좋-	좋-	좋으-	좋아
깊다(深い)	깊-	깊-	깊으-	깊어
얕다(浅い)	얕-	얕-	얕으-	얕아
있다(ある, いる)	있-	있-	있으-	있어
없다(ない, いない)	없-	없-	없으-	없어
하다(する)	하-	하-	하-	해(←하여)
-이다(〜だ)	-이-	-이-	-이-	-이어(子音終わりの体言の後) -여(母音終わりの体言の後)
後に続く形式		-습니다/ㅂ니다, -지 않다, -지 못하다, -는, -겠-など	-ㄴ, -ㄹ, -시-, -면, -면서など	-요, -서, -도, -야, -ㅆ-など

④ 主な助詞

		母音終わりの体言	子音終わりの体言	
			ㄹで終わるもの	ㄹ以外で終わるもの
は		-는	-은	
も		-도		
が		-가	-이	
を		-를	-을	
に	事物・場所	-에		
	人・動物	-에게/한테		
へ	方向	-로		-으로
で	道具・手段	-로		-으로
	場所	-에서		
から	事物・場所	-에서		
	時刻・時期	-부터		
	人・動物	-에게서/한테서		
まで		-까지		
と		-와	-과	
		-하고		
の		-의		

⑤ あいさつ表現

⑴ 안녕하세요? / 안녕하십니까?　　　　　　　　　こんにちは。

⑵ 처음 뵙겠습니다.　　　　　　　　　　　　　　　はじめまして。

⑶ 만나서 반가워요. / 만나서 반갑습니다.

　　　　　　　　　　　　　　　　　　お会いできてうれしいです。

⑷ 잘 먹겠습니다.　　　　　　　　　　　　　　　　いただきます。

⑸ 잘 먹었습니다.　　　　　　　　　　　　　　　ごちそうさまでした。

⑹ 맛있게 드세요. / 맛있게 드십시오.

　　　　　　　　　　　　　　　　　どうぞお召し上がりください。

⑺ 안녕히 주무세요. / 안녕히 주무십시오.　　　　お休みなさい。

⑻ 안녕히 주무셨어요? / 안녕히 주무셨습니까?

　　　　　　　　　　　　よくお休みになりましたか。(おはようございます。)

⑼ 감사합니다.　　　　　　　　　　　　　　　ありがとうございます。

⑽ 고마워요. / 고맙습니다.　　　　　　　　　ありがとうございます。

⑾ 죄송해요. / 죄송합니다.　　　　　　　　　　申し訳ございません。

⑿ 미안해요. / 미안합니다.　　　　　　　すみません。ごめんなさい。

⒀ 어서 오세요. / 어서 오십시오.　　　　　　　いらっしゃいませ。

⒁ 안녕히 가세요. / 안녕히 가십시오.

さようなら。(その場から立ち去る人に)

⒂ 안녕히 계세요. / 안녕히 계십시오.

さようなら。(その場に残る人に)

⒃ 잘 부탁합니다.　　　　　　　　　　　よろしくお願いします。

⒄ 다녀오겠습니다.　　　　　　　　　　　行ってきます。

⒅ 다녀왔습니다.　　　　　　　　　　　　ただいま。

⒆ 다녀오세요. / 다녀오십시오.　　　　　行ってらっしゃい。

⒇ 다녀오셨어요? / 다녀오셨습니까?　　　お帰りなさい。

❻ とっさの一言

(1) 예./네.   はい。/ええ。

(2) 네?   えっ？

(3) 아뇨.   いいえ。

(4) 그게 아니라…   そうじゃなくて…

(5) 저…/저기…   あの… (話しかけるときや, 言葉に詰まったとき)

(6) 저기요.   ①あの。(話しかけるとき) ②すみません。(食堂などで店員を呼ぶとき)

(7) 여기요.   すみません。(食堂などで店員を呼ぶとき)

(8) 여보세요?   もしもし。

(9) 자.   さあ。(〇〇しましょうという意味で)

(10) 글쎄요.   そうですねぇ。

(11) 잠깐만요.   ①すみません。(人の前を通る時など) ②ちょっと待ってください。

(12) 맞아요.   そうですよ。

(13) 정말요?   本当ですか？

(14) 진짜요?   ほんとですか？

(15) 그래요?   そうですか？

(16) 그렇죠?   そうですよね？

(17) 그러세요?   そうなんですか？

⑱ 그럼요.   そうですとも。

⑲ 아, 참, 맞다.   あ, そうだ。

⑳ 안 돼요?   だめですか?

㉑ 잘됐네요.   よかったですね。

7 ハングル仮名対照表

かな					ハングル								
					語　頭					語　中・語　末				
ア	イ	ウ	エ	オ		아	이	우	에	오				
カ	キ	ク	ケ	コ	가	기	구	게	고	카	키	쿠	케	코
サ	シ	ス	セ	ソ		사	시	스	세	소				
タ	チ	ツ	テ	ト	다	지	쓰	데	도	타	치	쓰	테	토
ナ	ニ	ヌ	ネ	ノ		나	니	누	네	노				
ハ	ヒ	フ	ヘ	ホ		하	히	후	헤	호				
マ	ミ	ム	メ	モ		마	미	무	메	모				
ヤ		ユ		ヨ		야		유		요				
ラ	リ	ル	レ	ロ		라	리	루	레	로				
ワ				ヲ		와				오				
ン								ㄴ						
ガ	ギ	グ	ゲ	ゴ		가	기	구	게	고				
ザ	ジ	ズ	ゼ	ゾ		자	지	즈	제	조				
ダ	ヂ	ヅ	デ	ド		다	지	즈	데	도				
バ	ビ	ブ	ベ	ボ		바	비	부	베	보				
パ	ピ	プ	ペ	ポ		파	피	푸	페	포				
キャ		キュ		キョ	갸		규	교		캬		큐		쿄
ギャ		ギュ		ギョ		갸		규		교				
シャ		シュ		ショ		샤		슈		쇼				
ジャ		ジュ		ジョ		자		주		조				
チャ		チュ		チョ	자		주	조		차		추		초
ニャ		ニュ		ニョ		냐		뉴		뇨				
ヒャ		ヒュ		ヒョ		햐		휴		효				
ビャ		ビュ		ビョ		뱌		뷰		뵤				
ピャ		ピュ		ピョ		퍄		퓨		표				
ミャ		ミュ		ミョ		먀		뮤		묘				
リャ		リュ		リョ		랴		류		료				

- 撥音「ン」はㄴで表記します。(新宿 신주쿠)
- 促音「ッ」はㅅで表記します。(札幌 삿포로)
- 長母音は特に表記しません。(東京 도쿄)

※ 上の表の網かけの部分は間違えやすいので注意しましょう。(鈴木 勉 스즈키 쓰토무)

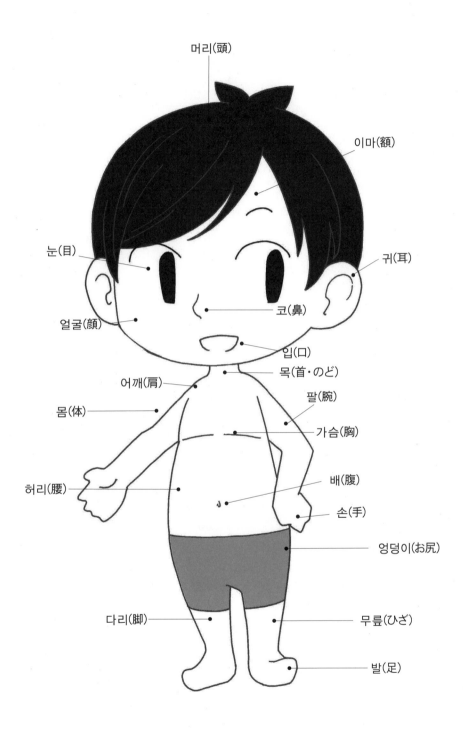

머리(頭)

이마(額)

눈(目)

귀(耳)

얼굴(顔)

코(鼻)

입(口)

목(首・のど)

어깨(肩)

팔(腕)

몸(体)

가슴(胸)

허리(腰)

배(腹)

손(手)

엉덩이(お尻)

다리(脚)

무릎(ひざ)

발(足)

韓国語－日本語単語リスト

韓国語	日本語
ㄱ	
가게	店
가까워요	近いです
가다	行く
가르치다	教える
가방	カバン
가슴	胸
가을	秋
가족	家族
감상	鑑賞
값	値段
갖다	持つ
같다	同じだ
같이	一緒に
개	犬
개	～個
거	もの, こと
거기	そこ
거짓말	嘘
건	ものは, ことは
걸리다	かかる
걸어서	歩いて
것	もの, こと
게	ものが, ことが
게임	ゲーム
겨울	冬
결혼	結婚
경복궁	景福宮
경치	景色
계시다	いらっしゃる
고기	肉
고등학교	高校
고등학생	高校生
고마워요	ありがとう(ございます)
고맙습니다	ありがとうございます
고양이	猫
고추	唐辛子
골프	ゴルフ
공	0
공부	勉強
공부하다	勉強する
공항	空港
과목	科目
과일	果物

韓国語	日本語
괜찮다	大丈夫だ
교과서	教科書
교시	～時間目, ～時限目
교실	教室
구	9
구월	9月
국	スープ
귀	耳
그	その
그거	それ
그건	それは
그것	それ
그게	それが
그때	そのとき
그래서	それで, なので
그래요	そうです
그럼	じゃあ, では
그럼요	もちろんです
그렇게	そんなに, そのように
그렇군요	そうなんですね
그릇	器
그저께	おととい
근데	ところで
글쎄요	そうですね
금방	すぐ
금요일	金曜日
기다리다	待つ
기분	気分
기쁘다	うれしい
기숙사	寮
기차	汽車
길다	長い
김치	キムチ
깊다	深い
ㄲ	
꼭	ぜひ, きっと
꽃	花
끝	終わり
끝나다	終わる
ㄴ	
나가다	出ていく
나누다	分ける
나라	国
나무	木

나아요	治ります	닫다	閉める
나오다	出てくる	달	月
나이	年齢	달력	カレンダー
나중에	後で	닭	鶏
낚시	釣り	당첨되다	当選する
날	日	대학	大学
날씨	天気	대학생	大学生
남다	残る	댄스	ダンス
남동생	弟	더	もっと
남자	男	덥다	暑い
남자 친구	彼氏	도서관	図書館
낮	昼	독서	読書
내	私の, 僕の	돈	お金
내다	出す	동생	弟, 妹
내리다	降りる, 降る	돼지고기	豚肉
내일	明日	되다	なる
냉면	冷麺	두	2
너무	すごく	둘	2
넣다	入れる	뒤	後ろ
네	はい, ええ	드라마	ドラマ
네	4	드세요	召し上がってください
넷	4	드시다	召し上がる
년	〜年	들다	持つ
년생	〜年生まれ	등산	山登り
노래	歌	디브이디	DVD
노래방	カラオケ	디자인	デザイン
노래하다	歌う		
노트	ノート	**ㄸ**	
놀다	遊ぶ	따다	取る
농구	バスケットボール	따뜻하다	暖かい
놓다	置く	딸	娘
누가	誰が	딸기	いちご
누구	誰	때	とき
누나	(弟から見て)姉	떡볶이	トッポッキ
누워요	横になります	또	また
눈	目		
늦다	遅い, 遅れる	**ㄹ**	
		라면	ラーメン
ㄷ		라이브	ライブ
다	全部, みんな	**ㅁ**	
다니다	通う		
다른	他の	마시다	飲む
다리	脚	마음	心
다섯	5	만	万
다시	再び	만나다	会う
다시 한번	もう一度	만들다	作る
다음	次	만화	漫画
다음 달	来月	많다	多い
다음 주	来週	많이	たくさん
다음에	今度	말	ことば

말하다	言う	반가워요	うれしいです
맛	味	반찬	おかず
맛있겠다	おいしそう	받다	もらう
맛있다	おいしい	발	足
맞다	合う	밤	夜
맞아요	そうです	밥	ご飯
매운	辛い～	방	部屋
매워요	辛いです	방학	休み
매일	毎日	배	腹
매표소	チケット売り場, 切符売り場	배가 고파요	おなかがすきました
머리	頭	배구	バレーボール
먹다	食べる	배불러요	おなかいっぱいです
멀다	遠い	배우다	習う, 学ぶ
메뉴	メニュー	백	百
메모	メモ	버스	バス
메일	メール	번	～番
며칠	何日	번호	番号
명	～人	벌써	もう
몇	何～, いくつ	벗다	脱ぐ
모레	明後日	별로	あまり, 別に
모르다	知らない, 分からない	병	～本
모아요	集めます	병원	病院
모이다	集まる	보내다	送る
모자	帽子	보다	見る
목	首, のど	보이다	見える, 見せる
몰라요	知りません, 分かりません	보통	普通
몸	体	복권	宝くじ
못	～できない	복숭아	桃
못하다	～できない	볼펜	ボールペン
무	大根	봄	春
무료	無料	부르다	歌う
무릎	ひざ	부모님	両親, ご両親
무슨	何の	부부	夫婦
무슨 요일	何曜日	부엌	台所
무엇	何, 何か	부탁하다	頼む
문	ドア	분	～方(かた)
물	水	분	～分
물어보다	聞く, 尋ねる	불	火
뭐	何, 何か	비	雨
뭘	何を	비빔밥	ビビンバ
미술관	美術館	비싸다	(値段が)高い
미안하다	すまない	비행기	飛行機

ㅂ			
바꾸다	変える		

ㅃ			
빠지다	はまる		

바다	海	빨리	速く, 早く
바쁘다	忙しい	빵	パン
바지	ズボン		

ㅅ			
밖	外		

반	半, 半分	사	4

사과	りんご	순대	スンデ
사다	買う	숟가락	スプーン
사람	人, 〜人	술	酒
사랑	愛	숫자	数字
사랑하다	愛する	쉬워요	簡単です
사실은	実は	쉽다	易しい, 簡単だ
사월	4月	슈퍼	スーパー
사이즈	サイズ	스무	20
사전	辞書	스물	20
사진	写真	스트레스	ストレス
사탕	キャンディー	스포츠	スポーツ
사회	社会	시	〜時
산책	散歩	시간	時間, 〜時間
살	〜歳	시계	時計
살다	住む, 暮らす	시원하다	涼しい
삼	3	시월	10月
삼월	3月	시작	始め
색깔	色	시작되다	始まる
샌드위치	サンドイッチ	시작하다	始める
생각	考え	시키다	注文する
생각하다	考える	시험	試験
생선	魚	식당	食堂
생일	誕生日	식사	食事
서다	立つ	식사하다	食事する
서랍	引き出し	신다	履く
서예	書道	신문	新聞
서울	ソウル	신발	履物
선물	プレゼント	실례	失礼
선물 받다	プレゼントしてもらう	싫다	嫌だ
선배	先輩	싫어하다	嫌いだ
선생님	先生	십	10
선택하다	選ぶ	십이월	12月
설탕	砂糖	십일월	11月
세	3	싶다	〜たい
세다	数える		

ㅆ

세우다	立てる, 止める	싸다	安い
센티미터	センチメートル	쓰다	使う
셋	3	쓰다	書く
소금	塩	쓰세요	使ってください
소주	焼酎	씨	〜さん

ㅇ

속옷	下着		
손	手	아	ああ
손님	お客様	아까	さっき
쇼핑	ショッピング	아뇨	いいえ
수박	すいか	아니다	〜(では)ない
수업	授業	아니에요	違います, 〜ではありません
수영	水泳	아들	息子
수요일	水曜日	아래	下
숙제	宿題		
숙제하다	宿題する		

아마	多分	없다	ない, いない
아버지	父	엉덩이	お尻
아빠	パパ, 父	엔	～円
아이	子ども	여기	ここ
아이스크림	アイスクリーム	여기요	どうぞ
아저씨	おじさん	여덟	8
아주	とても	여동생	妹
아직	まだ	여러	多くの
아침	朝, 朝食	여름	夏
아파트	マンション	여섯	6
아프다	痛い	여유	余裕
아홉	9	여자	女
안	～ない	여자 친구	彼女
안	中	여행	旅行
안경	メガネ	역	駅
안녕	こんにちは	연구실	研究室
안녕하세요	こんにちは	연락	連絡
안녕하십니까	こんにちは	연습	練習
앉다	座る	연습하다	練習する
않다	～ない	연필	鉛筆
알다	分かる, 知る	열	10
알바	バイト	열다	開ける
앞	前	열리다	開く
애	子ども	열심히	一生懸命
야구	野球	영	0
야외	野外	영국	イギリス
약	薬	영어	英語
약속	約束	영화	映画
양말	靴下	예	はい
얘	この子	예쁘다	かわいい, きれいだ
어깨	肩	예외	例外
어느	どの	예의	礼儀
어느 거	どれ	예정	予定
어느 것	どれ	오	5
어느 게	どれが	오늘	今日
어디	どこ	오다	来る
어때요?	どうですか	오랜만	久しぶり
어땠어요?	どうでしたか	오빠	(妹から見て)兄
어떤	どんな, どのような	오월	5月
어떻게	どうやって, どのように	오이	きゅうり
어려워요	難しいです	오전	午前
어려웠어요	難しかったです	오후	午後
어렵다	難しい	온천	温泉
어머니	母	올해	今年
어제	昨日	옷	服
언니	(妹から見て)姉	와	わあ
언제	いつ	왜	なぜ
얼굴	顔	외국	外国
얼마	いくら, いくらも	외국어	外国語
얼마나	どれくらい	외우다	覚える

요리	料理	일곱	7
요리하다	料理する	일본	日本
요즘	最近	일본 사람	日本人
우리	私たち	일본말	日本語
우리나라	我が国	일본어	日本語
우유	牛乳	일어나다	起きる
운동	運動, スポーツ	일요일	日曜日
운전면허	運転免許	일월	1月
웃다	笑う	일하다	働く
원	～ウォン	읽다	読む
월요일	月曜日	입	口
위	上	입다	着る
유명하다	有名だ	있다	ある, いる
유월	6月	잊다	忘れる
유학	留学	잊어버리다	忘れる
유학생	留学生		
육	6	**ス**	
음식	食べ物	자꾸	しきりに
음식점	飲食店	자다	寝る
음악	音楽	자주	よく, あまり
의미	意味	작년	昨年
의사	医者	작다	小さい
의외	意外	잔	～杯
의의	意義	잘	よく, うまく
의자	椅子	잘 못하다	下手だ
이	この	잘되다	うまくいく, うまくできる
이	2	잘하다	上手だ
이거	これ	잠깐만	ちょっと
이건	これは	잡지	雑誌
이것	これ	장	～枚
이게	これが	재미있다	面白い
이다	～だ	저	私
이름	名前	저	あの
이마	額(ひたい)	저거	あれ
이번	今度の, 今回の	저건	あれは
이번 주	今週	저것	あれ
이번 주말	今週末	저게	あれが
이야기	話	저기	あそこ
이야기하다	話す	저기요	すみません
이외	以外	저녁	夕方
이월	2月	적다	少ない
이유	理由	전	前
이쪽	こちら	전	私は
이해하다	理解する	전공	専攻
이후	以後, 以降	전부	全部で
인기	人気	전에는	以前は
인분	～人前	전철	電車
일	仕事	전혀	全然
일	～日	전화	電話
일	1	전화번호	電話番号

전화하다	電話する	축하하다	祝う
점심	昼食	출구	出口
점원	店員	춤	ダンス, 踊り
젓가락	箸	춥다	寒い
정말	本当, 本当に	취미	趣味
정문	正門	층	〜階
제	私の	치마	スカート
제가	私が	치즈	チーズ
제일	いちばん	친구	友だち
조금	少し	칠	7
조용히	静かに	칠월	7月
좀	ちょっと	침대	ベッド
종이	紙		

ㅋ

좋다	よい	카레	カレー
좋아하다	好きだ	카레라이스	カレーライス
주다	くれる, あげる	커요	大きいです
주말	週末	커튼	カーテン
주세요	ください	커피	コーヒー
주스	ジュース	컴퓨터	パソコン
중국	中国	케이팝	K-POP
지금	今	코	鼻
지난달	先月	코코아	ココア
지우개	消しゴム	콘서트	コンサート
지하철	地下鉄	크다	大きい
집	家	키	背, 身長
		킬로그램	キログラム

ㅉ

짧다	短い		
쯤	〜くらい		

ㅌ

찌개	鍋物	타다	乗る
찍다	撮る	택시	タクシー
		텔레비전	テレビ

ㅊ

		통행인	通行人
차	お茶	튀김	天ぷら
차	車		

ㅍ

차다	冷たい		
참	本当に	파르페	パフェ
창문	窓	파스타	パスタ
찾다	探す, 受け取る	파티	パーティー
책	本	팔	8
책상	机	팔	腕
처음	初めて	팔다	売る
천	千	팔월	8月
천천히	ゆっくり	페이지	ページ
초밥	寿司	펴다	開く
초콜릿	チョコレート	편의점	コンビニ
최근	最近	표	切符, チケット
추다	踊る	풀다	解く
추워요	寒いです	프랑스	フランス
축구	サッカー	피자	ピザ

필통	筆箱, ペンケース	할아버지	祖父
ㅎ		항상	いつも
		해	太陽
하나	1	해외	海外
하다	する	햄버거	ハンバーガー
하루	1日	허리	腰
하세요	してください	형	(弟から見て)兄
학과	学科	호관	～号館
학교	学校	호선	～号線
학기	学期	호텔	ホテル
학년	～年生, 学年	혹시	もしかして
학생	学生	홈페이지	ホームページ
한	1	화요일	火曜日
한가하다	暇だ	화장실	トイレ
한국	韓国	회사	会社
한국 사람	韓国人	회사원	会社員
한국말	韓国語	회의	会議
한국어	韓国語	후	後
한국인	韓国人	휴대폰	携帯電話
한글	ハングル	흐리다	曇っている
한번	一度	힘	力
한복	韓服	힘내다	がんばる
한자	漢字	힘들다	大変だ
할머니	おばあさん		

日本語－韓国語単語リスト

日本語	韓国語

123

0	공, 영
1	일, 하나, 한
2	이, 둘, 두
3	삼, 셋, 세
4	사, 넷, 네
5	오, 다섯
6	육, 여섯
7	칠, 일곱
8	팔, 여덟
9	구, 아홉
10	십, 열
20	스물, 스무
千	천
万	만
1月	일월
2月	이월
3月	삼월
4月	사월
5月	오월
6月	유월
7月	칠월
8月	팔월
9月	구월
10月	시월
11月	십일월
12月	십이월
1日	하루

ABC

DVD	디브이디
K-POP	케이팝

あ

ああ	아
愛	사랑
アイスクリーム	아이스크림
愛する	사랑하다
会う	만나다
合う	맞다
秋	가을
開く	열리다
開ける	열다
あげる	주다
朝	아침
明後日	모레
脚	다리
足	발
味	맛
明日	내일
あそこ	저기
遊ぶ	놀다
暖かい	따뜻하다
頭	머리
暑い	덥다
集まる	모이다
集めます	모아요
後	후
後で	나중에
兄	오빠, 형
姉	언니, 누나
あの	저
あまり	별로, 자주
雨	비
ありがとう(ございます)	고마워요
ありがとうございます	고맙습니다
ある	있다
歩いて	걸어서
あれ	저것, 저거
あれが	저게
あれは	저건

い

いいえ	아뇨
言う	말하다
家	집
以外	이외
意外	의외
意義	의의
イギリス	영국
行く	가다
いくつ	몇
いくら	얼마
以後	이후
以降	이후
医者	의사
椅子	의자
以前は	전에는
忙しい	바쁘다
痛い	아프다
いちご	딸기
一度	한번

いちばん	제일
いつ	언제
一生懸命	열심히
一緒に	같이
いつも	항상
いない	없다
犬	개
今	지금
意味	의미
妹	동생, 여동생
いらっしゃる	계시다
いる	있다
入れる	넣다
色	색깔
祝う	축하하다
飲食店	음식점

う

上	위
～ウォン	원
受け取る	찾다
後ろ	뒤
嘘	거짓말
歌	노래
歌う	노래하다
歌う	부르다
器	그릇
腕	팔
うまく	잘
うまくいく	잘되다
うまくできる	잘되다
海	바다
売る	팔다
うれしい	기쁘다
うれしいです	반가워요
運転免許	운전면허
運動	운동

え

映画	영화
英語	영어
ええ	네
駅	역
選ぶ	선택하다
～円	엔
鉛筆	연필

お

おいしい	맛있다
おいしそう	맛있겠다
多い	많다

大きい	크다
大きいです	커요
多くの	여러
おかず	반찬
お金	돈
お客様	손님
起きる	일어나다
置く	놓다
送る	보내다
遅れる	늦다
教える	가르치다
おじさん	아저씨
お尻	엉덩이
遅い	늦다
お茶	차
弟	동생, 남동생
男	남자
おととい	그저께
踊り	춤
踊る	추다
おなかいっぱいです	배불러요
おなかがすきました	배가 고파요
同じだ	같다
おばあさん	할머니
覚える	외우다
面白い	재미있다
降りる	내리다
終わり	끝
終わる	끝나다
音楽	음악
温泉	온천
女	여자

か

カーテン	커튼
～階	층
海外	해외
会議	회의
外国	외국
外国語	외국어
会社	회사
会社員	회사원
買う	사다
変える	바꾸다
顔	얼굴
かかる	걸리다
書く	쓰다
学生	학생
学年	학년
数える	세다
家族	가족

方(かた)	분	嫌だ	싫다
肩	어깨	着る	입다
学科	학과	きれいだ	예쁘다
学期	학기	キログラム	킬로그램
学校	학교	金曜日	금요일
彼女	여자 친구		

く

カバン	가방	空港	공항
紙	종이	薬	약
科目	과목	ください	주세요
通う	다니다	果物	과일
火曜日	화요일	口	입
辛い〜	매운	靴下	양말
辛いです	매워요	国	나라
カラオケ	노래방	首	목
体	몸	曇っている	흐리다
カレー	카레	〜くらい	쯤
カレーライス	카레라이스	暮らす	살다
彼氏	남자 친구	来る	오다
カレンダー	달력	車	차
かわいい	예쁘다	くれる	주다
考え	생각		

け

考える	생각하다	携帯電話	휴대폰
韓国	한국	ゲーム	게임
韓国語	한국어, 한국말	景色	경치
韓国人	한국 사람, 한국인	消しゴム	지우개
韓国人	한국 사람	結婚	결혼
漢字	한자	月曜日	월요일
鑑賞	감상	研究室	연구실
簡単だ	쉽다		

こ

簡単です	쉬워요	〜個	개
がんばる	힘내다	〜号館	호관
韓服	한복	高校	고등학교

き

木	나무	高校生	고등학생
聞く	물어보다	〜号線	호선
汽車	기차	コーヒー	커피
きっと	꼭	ここ	여기
切符	표	午後	오후
切符売り場	매표소	ココア	코코아
昨日	어제	心	마음
気分	기분	腰	허리
キムチ	김치	午前	오전
キャンディー	사탕	こちら	이쪽
牛乳	우유	こと	거
きゅうり	오이	こと	것
今日	오늘	ことが	게
教科書	교과서	今年	올해
教室	교실	ことは	건
景福宮	경복궁	ことば	말
嫌いだ	싫어하다		

子ども	아이, 애	失礼	실례
この	이	してください	하세요
この子	애	閉める	닫다
ご飯	밥	じゃあ	그럼
ご両親	부모님	社会	사회
ゴルフ	골프	写真	사진
これ	이것, 이거	ジュース	주스
これが	이게	週末	주말
これは	이건	授業	수업
今回の	이번	宿題	숙제
コンサート	콘서트	宿題する	숙제하다
今週	이번 주	趣味	취미
今週末	이번 주말	上手だ	잘하다
今度	다음에	焼酎	소주
今度の	이번	食事	식사
こんにちは	안녕, 안녕하세요,	食事する	식사하다
	안녕하십니까	食堂	식당
		ショッピング	쇼핑
コンビニ	편의점	書道	서예
		知らない	모르다

~歳	살	知りません	몰라요
最近	요즘	知る	알다
最近	최근	身長	키
サイズ	사이즈	新聞	신문
探す	찾다		

す

魚	생선	水泳	수영
昨年	작년	すいか	수박
酒	술	水曜日	수요일
サッカー	축구	数字	숫자
さっき	아까	スーパー	슈퍼
雑誌	잡지	スープ	국
砂糖	설탕	スカート	치마
寒い	춥다	好きだ	좋아하다
寒いです	추워요	すぐ	금방
~さん	씨	少ない	적다
サンドイッチ	샌드위치	すごく	너무
散歩	산책	少し	조금
		寿司	초밥

し

塩	소금	涼しい	시원하다
時間	시간	ストレス	스트레스
~時間目	교시	スプーン	숟가락
しきりに	자꾸	スポーツ	스포츠, 운동
試験	시험	ズボン	바지
~時限目	교시	すまない	미안하다
仕事	일	すみません	저기요
辞書	사전	住む	살다
静かに	조용히	する	하다
下	아래	座る	앉다
下着	속옷	スンデ	순대
実は	사실은		

せ

背	키
正門	정문
ぜひ	꼭
先月	지난달
専攻	전공
先生	선생님
全然	전혀
センチメートル	센티미터
先輩	선배
全部	다
全部で	전부

そ

そうです	그래요, 맞아요
そうですね	글쎄요
そうなんですね	그렇군요
ソウル	서울
そこ	거기
外	밖
その	그
そのとき	그때
そのように	그렇게
祖父	할아버지
それ	그것, 그거
それが	그게
それで	그래서
それは	그건
そんなに	그렇게

た

～だ	-이다
～たい	싶다
大学	대학
大学生	대학생
大根	무
大丈夫だ	괜찮다
台所	부엌
大変だ	힘들다
太陽	해
(値段が)高い	비싸다
宝くじ	복권
たくさん	많이
タクシー	택시
出す	내다
尋ねる	물어보다
立つ	서다
立てる	세우다
頼む	부탁하다
多分	아마
食べ物	음식

食べる	먹다
誰	누구
誰が	누가
誕生日	생일
ダンス	댄스
ダンス	춤

ち

小さい	작다
チーズ	치즈
近いです	가까워요
違います	아니에요
地下鉄	지하철
力	힘
チケット	표
チケット売り場	매표소
父	아버지, 아빠
中国	중국
昼食	점심
注文する	시키다
朝食	아침
チョコレート	초콜릿
ちょっと	잠깐만, 좀

つ

通行人	통행인
使う	쓰다
使ってください	쓰세요
月	달
次	다음
机	책상
作る	만들다
冷たい	차다
釣り	낚시

て

手	손
～できない	못
～できない	못하다
出口	출구
デザイン	디자인
出ていく	나가다
出てくる	나오다
では	그럼
～ではありません	아니에요
テレビ	텔레비전
店員	점원
天気	날씨
電車	전철
天ぷら	튀김
電話	전화

電話する	전화하다
電話番号	전화번호

と

ドア	문
トイレ	화장실
唐辛子	고추
当選する	당첨되다
どうぞ	여기요
どうでしたか	어땠어요?
どうですか	어때요?
どうやって	어떻게
遠い	멀다
とき	때
～時	시
解く	풀다
読書	독서
時計	시계
どこ	어디
ところで	근데
図書館	도서관
トッポッキ	떡볶이
とても	아주
どの	어느
どのような	어떤
どのように	어떻게
友だち	친구
ドラマ	드라마
鶏	닭
撮る	찍다
取る	따다
どれ	어느 것, 어느 거
どれが	어느 게
どれくらい	얼마나
どんな	어떤

な

ない	없다
ない	아니다
～ない	안
～ない	않다
治ります	나아요
中	안
長い	길다
なぜ	왜
夏	여름
何	무엇, 뭐
何～	몇
何か	무엇, 뭐
何曜日	무슨 요일
何を	뭘

なので	그래서
鍋物	찌개
名前	이름
習う	배우다
なる	되다
何日	며칠
何の	무슨

に

肉	고기
日曜日	일요일
日本	일본
日本語	일본어
日本語	일본말
日本人	일본 사람
～人	명, 사람
人気	인기
～人前	인분

ぬ

脱ぐ	벗다

ね

猫	고양이
値段	값
寝る	자다
～年	년
～年生まれ	년생
～年生	학년
年齢	나이

の

ノート	노트
残る	남다
のど	목
飲む	마시다
乗る	타다

は

パーティー	파티
はい	네, 예
～杯	잔
バイト	알바
履物	신발
履く	신다
箸	젓가락
始まる	시작되다
始め	시작
初めて	처음
始める	시작하다
バス	버스

バスケットボール	농구
パスタ	파스타
パソコン	컴퓨터
働く	일하다
花	꽃
鼻	코
話	이야기
話す	이야기하다
母	어머니
パパ	아빠
パフェ	파르페
はまる	빠지다
速く，早く	빨리
腹	배
春	봄
バレーボール	배구
半	반
～番	번
パン	빵
ハングル	한글
番号	번호
ハンバーガー	햄버거
半分	반

ひ

火	불
日	날
引き出し	서랍
飛行機	비행기
ひざ	무릎
ピザ	피자
久しぶり	오랜만
美術館	미술관
額	이마
人	사람
ビビンバ	비빔밥
暇だ	한가하다
百	백
病院	병원
開く	펴다
昼	낮

ふ

夫婦	부부
深い	깊다
服	옷
再び	다시
豚肉	돼지고기
普通	보통
筆箱	필통
冬	겨울

フランス	프랑스
降る	내리다
プレゼント	선물
プレゼントしてもらう	선물 받다
～分	분

へ

ページ	페이지
下手だ	잘 못하다
ベッド	침대
別に	별로
部屋	방
勉強	공부
勉強する	공부하다
ペンケース	필통

ほ

帽子	모자
ホームページ	홈페이지
ボールペン	볼펜
他の	다른
ホテル	호텔
～本	병
本	책
本当，本当に	정말
本当に	참

ま

～枚	장
毎日	매일
前	앞
前	전
また	또
まだ	아직
待つ	기다리다
窓	창문
学ぶ	배우다
漫画	만화
マンション	아파트

み

見える	보이다
短い	짧다
水	물
店	가게
見せる	보이다
耳	귀
見る	보다
みんな	다

む

難しい	어렵다
難しいです	어려워요
難しかったです	어려웠어요
息子	아들
娘	딸
胸	가슴
無料	무료

め

目	눈
メール	메일
メガネ	안경
召し上がってください	드세요
召し上がる	드시다
メニュー	메뉴
メモ	메모

も

もう	벌써
もう一度	다시 한번
もしかして	혹시
もちろんです	그럼요
持つ	갖다
持つ	들다
もっと	더
もの	것, 거
ものが	게
ものは	건
桃	복숭아
もらう	받다

や

野外	야외
野球	야구
約束	약속
易しい	쉽다
安い	싸다
休み	방학
山登り	등산

ゆ

夕方	저녁
有名だ	유명하다
ゆっくり	천천히

よ

よい	좋다
よく	잘
よく	자주

横になります	누워요
予定	예정
読む	읽다
余裕	여유
夜	밤

ら

ラーメン	라면
来月	다음 달
来週	다음 주
ライブ	라이브

り

理解する	이해하다
理由	이유
留学	유학
留学生	유학생
寮	기숙사
両親	부모님
料理	요리
料理する	요리하다
旅行	여행
りんご	사과

れ

例外	예외
礼儀	예의
冷麺	냉면
練習	연습
練習する	연습하다
連絡	연락

わ

わあ	와
我が国	우리나라
分からない	모르다
分かる	알다
分ける	나누다
忘れる	잊다
忘れる	잊어버리다
私	저
私が	제가
私たち	우리
私の	제, 내
私は	전
笑う	웃다
止める	세우다
分かりません	몰라요

著者略歴

中島 仁(なかじま ひとし)

ソウル大学大学院国語国文学科博士課程単位取得満期退学
(前)韓国外国語大学日本語科専任講師
(現)東海大学語学教育センター准教授

金 珉秀(きむ みんす)

筑波大学大学院文芸・言語研究科博士課程修了(言語学博士)
(現)東海大学語学教育センター講師

吉本 一(よしもと はじめ)

釜山大学大学院国語国文学科修士・博士課程修了(文学博士)
(前)東国大学日語日文学科助教授
(現)東海大学語学教育センター教授

＊イラスト　吉本忠男

新みんなの韓国語2

2009年　10月　20日　初版発行
2019年　9月　25日　新版第1刷発行
2023年　3月　30日　新版第3刷発行

著　者　中島 仁・金 珉秀・吉本 一
発行者　佐藤和幸
発行所　株式会社　白帝社
〒171-0014 東京都豊島区池袋2-65-1
電話 03-3986-3271　FAX 03-3986-3272
https://www.hakuteisha.co.jp/
組版　崔貞姫
印刷・製本　ティーケー出版印刷

Printed in Japan〈検印省略〉　ISBN978-4-86398-390-8
＊定価は表紙に表示してあります。